TOP 30 Greatest Speeches of Female Public Figures

유명 여성
명연설문
베스트★30

영어발음, 청취력 강화 +
TOEIC 리스닝 & 스피킹 완벽대비

유명 여성 명연설문 베스트 30

저 자 박지성
발행인 고본화
발 행 탑메이드북
교재 제작 · 공급처 반석출판사
2024년 10월 15일 초판 1쇄 인쇄
2024년 10월 20일 초판 1쇄 발행
홈페이지 www.bansok.co.kr
이메일 bansok@bansok.co.kr
블로그 blog.naver.com/bansokbooks

07547 서울시 강서구 양천로 583 . B동 1007호
(서울시 강서구 염창동 240-21번지 우림블루나인 비즈니스센터 B동 1007호)
대표전화 02) 2093-3399 **팩 스** 02) 2093-3393
출 판 부 02) 2093-3395 **영업부** 02) 2093-3396
등록번호 제315-2008-000033호

ISBN 978-89-7172-996-0 (13740)

TOP 30 Greatest Speeches of Female Public Figures

유명 여성
명연설문
베스트 ★ 30

탑메이드북

연설문과 관련된 수없이 많은 책들을 서점에서 쉽사리 발견할 수 있다는 점에서 연설문을 통한 영어학습의 효과를 굳이 언급할 이유는 없다고 본다. 오히려, '구슬이 서 말이라도 꿰어야 보배'라는 말이 있듯이 그 활용적 측면이 좀 더 학습자 입장에서 도움이 되리라 생각한다.

1. 영어공부의 왕도는 반복과 암기

영어를 잘하는 방법은 단순하다. 다양한 데이터의 입수(input)와 함께 입력된 정보에 대한 회상(recall)을 의도적 노력을 통해 반복(repetition)할 때만 진정한 습득(acquisition)이 이뤄진다. 물론, 다양한 측면에서 영어를 잘하는 데 필요한 조건들을 따질 수 있겠지만, 무엇보다 의도적인 노력을 통한 반복 없이는 영어를 잘할 수 없다. 또한, 반복의 자연스러운 결과는 암기로 이어진다. 한 문장 한 문장 암기된 문장이 머릿속에 축적되면, 처음 보는 문장이라 하더라도 암기한 문장과 유사한 구문을 가진 문장은 구조가 쉽게 파악되는 놀라운 체험도 가능하게 된다. 본 책은 30개의 명연설문을 담은 '다양한 데이터'인 동시에 무엇보다 한 문장 한 문장이 인생의 참 의미를 경험을 통해 깨달은 '실천적 지식'이 가능한 주옥같은 문장들이 실려 있다. 이러한 문장들을 반복해서 듣고, 그 의미를 곱씹다 보면 삶의 통찰력과 함께 반복을 통한 자연스러운 암기로 이어진다.

2. 영어학습의 기초공사는 어휘

앞서 언급한 문장 단위의 해석은 어휘와 문법이 갖춰진 상태라는 점을 가정한 이야기이다. 또한, 문법의 경우 해당 문법 사항의 이해와 반복을 통한 암기가 이뤄진 후 영어에 대한 지속적인 노출만 있다면, 소위 고등학교 문법 시험을 치르기 위해서 '문법을 위한 문법학습'은 따로 필요하지 않다. 하지만, 어휘는 영어학습의 다양한 요소 중

가장 '휘발성이 강한 놈'이고, 불행하게도(?) 가장 중요한 요소다. 따로, 단어장을 하나 마련하여 모르는 단어가 나오면 반드시 예문과 함께 적고 반복해서 보도록 한다.

3. 문법의 양면성
요즘, 문법은 영어학습을 저해하는 요소로 많이 인식되고 있는 것 같다. 하지만, 명연설문뿐 아니라 일상생활에서 사용되는 표현을 잠시만 들여다보아도 문법의 중요성은 여지없이 드러난다. 예를 들어, No one can do it better than James.라는 부정어구와 비교급을 통한 강조용법과 같은 문장은 셀 수 없이 많이 사용되지만, 상급 수준의 영어학습자가 아니고서는 이런 문장을 자유자재로 사용하지 못하는 것이 현실이다. 이미 영어가 수준급인 학습자에게는 문제가 되지 않겠지만, 중급에서 상급으로 도약하려는 학습자는 실생활과 직결되는 문법학습을 반드시 병행하기를 권한다.

4. 말하지 못하는 것은 듣지 못한다
지금까지 눈으로 보는 영어를 말했다면, 이제는 귀로 듣는 영어다. 귀로 듣는 영어라고 해서 귀만 사용하리라 생각하면 오산이다. 아는 단어라도 입에서 나오지 않은 영어는 들리지 않을 수 있다. 물론, 한 번도 보지 못한 단어이거나 발음을 제대로 익히지 않은 단어야 언급할 필요조차 없다. 본 연설문을 통해 귀만 즐거워선 안 된다. 컴퓨터를 통해서, mp3 파일을 핸드폰에 저장해서 언제 어디서든 들을 수 있으니, 장소에 구애받지 말고 들으면서 한 문장씩 끊어 읽어, 주옥같은 문장이 '내 몸에 착 달라붙는 체화의 과정'을 반드시 거치도록 한다.

5. 노란 머리에 푸른 눈을 가진 상상의 친구를 두어라
말하기는 '쌍방향'이다. 영어로 '상호소통하다'라는 의미의 단어를 communicate라

고 하는데, 이 단어를 유심히 살펴보면, together(함께)라는 의미의 com을 확인할 수 있다. 영어학습의 궁극적 목적은 의사 전달이다. 혼자 하는 글쓰기 행위조차 독자와의 소통을 염두에 두고 하는 행위인 것처럼 말이다. 영어권 국가에서 경험하는 몰입(Immersion)영어가 아닌 이상 외국인과 대화를 나눈다는 것은 쉽지 않은 일이기 때문에, 상상의 영어 파트너를 만들 것을 추천한다. 집에 홀로 있는 경우라도 특정 상황을 설정하며, 상대방의 존재를 의식하면서 대화를 나누고, 길을 걸으면서 누군가 함께 이야기를 나눈다고 생각하면 된다. 의사소통이라는 목적의식 없이 장기적 관점에서 영어공부를 하기란 쉽지 않다. 언젠가 노란 머리에 푸른 눈의 상대와 대화를 나눌 수 있다는 상상은 영어학습의 커다란 동기부여가 된다.

6. 새롭게 배운 표현은 사용할 수 있는 상황을 만들어라

If you don't use it, you lose it.은 안 쓰면 잊는다는 말이다. 배운 것을 써 먹지 못하면 잊게 마련이다. 아마도 혹자는 '외국인 만날 기회가 없다'고 불평할지 모르지만, 친구에게 이메일을 쓸 때, 오늘 배운 표현을 멋지게 활용하는 것도 하나의 대안이 된다. 부모님의 생일에 영한대역의 편지는 부모님에게 평생 기억에 남는 선물이 될 수도 있다. 상황이 주어질 것이라 생각해선 천년만년 기다림만 있을 뿐이다. '상황은 내 스스로 만들어 내는 것'임을 다시 마음에 새기도록 하자.

7. 마음에 와 닿지 않은 영어는 버려라

주변을 둘러보라. 이 시대를 '영어의 홍수'라 일컬어도 전혀 어색하지 않다. 이는 나에게 필요한 정보를 취사 선택하는 문제와 직결된다. 굳이 흥미롭지 않은 영어를 공부할 이유가 없다. 눈이 즐거워야 공부할 맛이 나는 학습자라면, 끊임없이 쏟아지는 영상물을 이용하면 되는 것이고, 삶의 깊이와 감동을 느끼며 공부하고 싶은 학습자라면 사물의 본질을 꿰뚫는 통찰력을 제시하는 자서전을 읽으면 된다. 자신이 흥미로워하는 자료는 그 내용 자체의 가치를 떠나 '지속적 학습'을 가능하게 한다는 큰 이점이 있다. 무엇인가를 즐겁게, 오래하는 자를 이길 수 없다.

본 연설문은 위에 언급한 사항을 많이 충족하는 보석과 같은 학습서다. History가 남성적 전유물이라 생각하는 고리타분한 생각은 『유명 여성 명연설문』을 보고 듣는 순간 '그 남자의 이야기'가 아님을 새삼 되새기게 된다. 때로는 기존 사회의 고인 썩은 물을 스스로 들여 마셔서라도 정화시키려는 '자기희생'을 발견할 수 있고, 때로는 거침없이 쏟아내는 여성스러운 '날카롭고 거친' 입담을 통해 기존 사회를 비판한다. 때로는 삭막한 삶 속에서 삶의 여유를 느낄 수 있도록 재치가 가득한 유머를 통해 우리에게 '쉴 만한 물가'를 제공해 주기도 한다. 본 책이 영어학습의 1차적 목적뿐 아니라, 삶을 생각하고, 느끼고, 잠시 쉬어갈 수 있는 '그루터기'가 되기를 희망한다.

2024년 10월
저자 **박 지 성**

목차

세계적으로 유명한 여성들의 명연설문 30개를 선정해 번역과 해설, 주요 어휘를 정리한 책입니다. mp3파일을 들으면서 영문을 함께 읽어 나가면 수준 높은 명문을 감상할 수 있을 뿐 아니라 영어 실력도 동시에 향상시킬 수 있습니다.

유명 여성
명연설문
베스트 ★ 30

SPEECH

01

Kamala Harris's
Democratic Convention Speech 1

카멀라 해리스의 대통령 후보 수락연설 1

2024년 8월 22일, 시카고 민주당 전당대회

카멀라 해리스

카멀라 해리스(Kamala Harris)는 미국 제49대 부통령으로, 2021년 1월 20일부터 재임 중이다. 그녀는 미국 최초의 여성 부통령, 최초의 아프리카계 미국인 부통령, 그리고 최초의 남아시아계 부통령이다.

1964년 10월 20일, 캘리포니아주 오클랜드에서 태어난 해리스는 인도 출신 어머니와 자메이카 출신 아버지 사이에서 태어났다. 검사로 경력을 시작해 샌프란시스코 지검장과 캘리포니아주 법무장관을 역임했고, 이후 2017년에 캘리포니아 상원의원으로 선출되었다.

해리스는 형사 사법 개혁, 보건 정책, 시민권 문제에 중점을 둔 커리어를 쌓았고, 부통령으로서 기후 변화, 이민 개혁, 투표권 관련 정책에 힘쓰고 있다.

01-01

When I was in high school, I started to notice something about my best friend, Wanda. She was sad at school, and there were times she didn't want to go home. So one day I asked if everything was all right, and she confided in me that she was being sexually abused by her stepfather. And I immediately told her she had to come stay with us, and she did.

This is one of the reasons I became a prosecutor: to protect people like Wanda, because I believe everyone has a right to safety, to dignity and to justice.

As a prosecutor, when I had a case, I charged it not in the name of the victim, but in the name of the people, for a simple reason. In our system of justice, a harm against any one of us is a harm against all of us. And I would often explain this to console survivors of crime, to remind them: No one should be made to fight alone. We are all in this together.

Check the Vocabulary

confide in ~에게 고백하다 | **be sexually abused** 성적으로 학대당하다 | **prosecutor** 검사 | **dignity** 존엄성 | **case** (법정, 범죄) 사건 | **charge** 기소하다 | **console** 위로하다

고등학교 시절, 저는 내 가장 친한 친구인 완다에게서 뭔가 이상한 점을 느끼기 시작했습니다. 학교에서 그녀는 슬퍼 보였고, 집에 가고 싶어 하지 않는 때도 있었습니다. 그래서 어느 날 저는 그녀에게 괜찮은지 물어봤고, 그녀는 의붓아버지에게 성적 학대를 당하고 있다고 털어놓았습니다. 저는 즉시 그녀에게 우리 집에 와서 지내야 한다고 말했고, 그녀는 그렇게 했습니다.

이것이 제가 검사로 일하게 된 이유 중 하나입니다. 완다와 같은 사람들을 보호하기 위해서입니다. 저는 모든 사람이 안전과 존엄, 그리고 정의를 받을 권리가 있다고 믿기 때문입니다.

검사로서, 저는 사건을 맡을 때 피해자를 대신해서가 아니라, 국민을 대신해서 기소했습니다. 그 이유는 간단합니다. 우리의 사법 시스템에서, 우리 중 누구에게든 해를 끼치는 것은 모두에게 해를 끼치는 것이기 때문입니다. 저는 범죄 피해자들을 위로할 때 종종 아무도 혼자 싸워서는 안 된다고 우리 모두 이 일에 함께하는 것이라고 상기시키곤 했습니다.

01-02

And every day, in the courtroom, I stood proudly before a judge and I said five words: "Kamala Harris, for the people" And to be clear — and to be clear, my entire career, I've only had one client: the people.

And, so, on behalf of the people, on behalf of every American, regardless of party, race, gender or the language your grandmother speaks. On behalf of my mother, and everyone who has ever set out on their own unlikely journey. On behalf of Americans like the people I grew up with — people who work hard, chase their dreams and look out for one another. On behalf of everyone whose story could only be written in the greatest nation on Earth, I accept your nomination to be president of the United States of America.

Check the Vocabulary

proudly 자랑스럽게 | **career** 경력 | **client** 고객 | **on behalf of** ~을 대신해서 | **set out** 시작하다, 착수하다 | **unlikely** 믿기 어려운 | **chase** 쫓다 | **look out for** ~을 돌보다 | **accept** 받다, 수용하다

매일 법정에서 저는 자랑스럽게 판사 앞에 서서 다섯 단어를 말했습니다. "카멀라 해리스, 국민을 위하여." 그리고 분명히 하자면, 제 전체 경력 동안 저는 단 한 명의 고객만 있었습니다. 바로 국민입니다.

그래서 국민을 대신하여, 모든 미국인을 대신하여, 정당, 인종, 성별, 또는 할머니가 사용하는 언어에 관계없이. 제 어머니와 자신의 믿기 어려운 여정을 시작한 모든 이들을 대신하여. 제가 자란 지역의 미국인들, 열심히 일하고 꿈을 좇으며 서로를 돌보는 사람들을 대신하여. 이 지구상에서만 쓸 수 있는 이야기를 가진 모든 이들을 대신하여, 미국 대통령 후보로 지명해 주신 것을 수락합니다.

Check the Vocabulary

nomination 지명

SPEECH

02

Kamala Harris's
Democratic Convention Speech 2

카멀라 해리스의 대통령 후보 수락연설 2

2024년 8월 22일, 시카고 민주당 전당대회

카멀라 해리스

카멀라 해리스(Kamala Harris)는 미국 제49대 부통령으로, 2021년 1월 20일부터 재임 중이다. 그녀는 미국 최초의 여성 부통령, 최초의 아프리카계 미국인 부통령, 그리고 최초의 남아시아계 부통령이다.

1964년 10월 20일, 캘리포니아주 오클랜드에서 태어난 해리스는 인도 출신 어머니와 자메이카 출신 아버지 사이에서 태어났다. 검사로 경력을 시작해 샌프란시스코 지검장과 캘리포니아주 법무장관을 역임했고, 이후 2017년에 캘리포니아 상원의원으로 선출되었다.

해리스는 형사 사법 개혁, 보건 정책, 시민권 문제에 중점을 둔 커리어를 쌓았고, 부통령으로서 기후 변화, 이민 개혁, 투표권 관련 정책에 힘쓰고 있다.

And with this election, and — and with this election, our nation — our nation, with this election, has a precious, fleeting opportunity to move past the bitterness, cynicism and divisive battles of the past, a chance to chart a new way forward. Not as members of any one party or faction, but as Americans.

And let me say, I know there are people of various political views watching tonight. And I want you to know, I promise to be a president for all Americans. You can always trust me to put country above party and self. To hold sacred America's fundamental principles, from the rule of law, to free and fair elections, to the peaceful transfer of power.

I will be a president who unites us around our highest aspirations. A president who leads and listens; who is realistic, practical and has common sense; and always fights for the American people. From the courthouse to the White House, that has been my life's work.

fleeting 순식간의, 잠깐 동안의 (=brief) | **bitterness** 쓴맛, 고통, 불황 | **divisive** 결정적인 | **put A above B** B보다 A를 우선시하다 | **hold something sacred** 신성하게 여기다

이번 선거를 통해, 우리 국가는 이번 선거를 통해, 과거의 고통, 냉소, 그리고 분열의 전투를 넘어설 소중하고도 쏜살 같이 지나갈 기회, 바로 앞으로 나갈 새로운 길을 모색할 기회를 가지고 있습니다. 특정 정당이나 파벌의 일원으로가 아니라, 미국인으로서 말이죠.

그리고 말씀드리자면, 오늘 밤 다양한 정치적 관점을 가진 사람들이 지켜보고 있다는 것을 알고 있습니다. 저는 모든 미국인을 위한 대통령이 될 것을 약속드립니다. 항상 국가를 정당이나 개인보다 우선시할 것임을 신뢰하셔도 됩니다. 법의 지배, 자유롭고 공정한 선거, 그리고 평화로운 권력 이양 등 미국의 기본 원칙을 신성히 여길 것입니다.

저는 우리 최고의 열망을 중심으로 우리를 하나로 모으는 대통령이 될 것입니다. 리더십과 경청을 겸비한 대통령, 현실적이고 실용적이며 상식을 갖춘 대통령, 항상 미국 국민을 위해 싸우는 대통령이 될 것입니다. 법정에서부터 백악관까지, 그것이 제 인생의 업이었습니다.

transfer of power 권력 이양 | **aspiration** 열망

As a young courtroom prosecutor in Oakland, Calif., I stood up for women and children against predators who abused them. As attorney general of California, I took on the big banks, delivered $20 billion for middle-class families who faced foreclosure and helped pass a homeowner bill of rights, one of the first of its kind in the nation.

I stood up for veterans and students being scammed by big, for-profit colleges. For workers who were being cheated out of their wages, the wages they were due. For seniors facing elder abuse.

Check the Vocabulary

prosecutor 검사 | **stand up for** ~을 지지하다, 옹호하다 | **predator** 악당, 포식자 | **abuse** 학대하다
| **attorney general** 법무장관 | **take on** ~에 맞서 싸우다 | **face** 직면하다 | **foreclosure** 압류

캘리포니아 오클랜드에서 젊은 법정 검사로 일할 때, 저는 여성과 아이들을 학대하는 악당들에 맞서 이들을 지지했습니다. 캘리포니아의 법무장관으로서, 저는 대형 은행들과 맞서 싸우고, 압류 위기에 처한 중산층 가정에 200억 달러를 지원하며, 전국에서 처음으로 시행된 주택 소유자 권리 법안을 통과시키는 데 도움을 주었습니다.

저는 참전 용사들을 위해, 대형 영리 대학들에게 사기를 당하는 학생들을 위해 싸웠습니다. 자신이 받아야 할 임금을 착취당하는 노동자들을 위해 싸웠고, 노인 학대를 겪는 노인들을 위해 싸웠습니다.

Check the Vocabulary

a bill of rights 권리법안 | **for-profit** 〈공공 기관 · 병원 등이〉 영리 목적의, 이익을 추구하는 | **due** 마땅히 주어져야 하는 | **face** 직면하다 | **elder abuse** 노인 학대

I fought against the cartels who traffic in guns and drugs and human beings. Who threaten the security of our border and the safety of our communities. And I will tell you, these fights were not easy, and neither were the elections that put me in those offices. We were underestimated at practically every turn.

But we never gave up. Because the future is always worth fighting for. And that's the fight we are in right now — a fight for America's future.

Fellow Americans, this election is not only the most important of our lives, it is one of the most important in the life of our nation. In many ways, Donald Trump is an unserious man. But the consequences — but the consequences of putting Donald Trump back in the White House are extremely serious.

Check the Vocabulary

traffic 밀거래하다 | **security** 보안, 경비, 안보, 방위 | **safety** 안전 | **practically** 거의 | **at every turn** (무엇을 시도할 때) 언제나[어디에서나] | **give up** 포기하다 | **be worth v-ing** ~할 가치가 있다 |

저는 총기, 마약, 그리고 인신매매를 일삼는 카르텔에 맞서 싸웠습니다. 이들은 우리 국경의 보안과 지역 사회의 안전을 위협합니다. 이 싸움은 쉽지 않았고, 저를 그 직책에 올려놓은 선거들도 쉽지 않았습니다. 우리는 거의 모든 상황에서 과소평가되었습니다.

하지만 우리는 결코 포기하지 않았습니다. 미래는 항상 싸울 가치가 있기 때문입니다. 그리고 그것이 바로 우리가 현재 참여하고 있는 싸움이며, 이는 바로 미국의 미래를 위한 싸움입니다.

친애하는 미국인 여러분, 이번 선거는 우리 삶에서 가장 중요한 선거일뿐만 아니라, 우리 국가의 역사에서도 가장 중요한 선거 중 하나입니다. 여러 면에서 도널드 트럼프는 진지하지 않은 사람입니다. 그러나 도널드 트럼프를 백악관에 다시 앉히는 결과는 매우 심각합니다.

---

consequence (일반적으로 부정적) 결과

02-04

Consider — consider not only the chaos and calamity when he was in office, but also the gravity of what has happened since he lost the last election. Donald Trump tried to throw away your votes. When he failed, he sent an armed mob to the U.S. Capitol, where they assaulted law enforcement officers. When politicians in his own party begged him to call off the mob and send help, he did the opposite — he fanned the flames. And now, for an entirely different set of crimes, he was found guilty of fraud by a jury of everyday Americans, and separately — and separately found liable for committing sexual abuse. And consider, consider what he intends to do if we give him power again. Consider his explicit intent to set free violent extremists who assaulted those law enforcement officers at the Capitol.

Check the Vocabulary

calamity 재앙 | **in office** 재임 중인 | **gravity** 중대성 | **throw away** 낭비하다, 버리다 | **armed mob** 무장한 폭도 | **the Capitol** 국회의사당 | **assault** 공격하다 | **call off** 해산하다, 취소하다

그가 재임 중 겪었던 혼란과 재앙을 떠올려보세요. 그리고 그가 마지막 선거에서 패배한 이후의 상황의 중대성을 생각해 보십시오. 도널드 트럼프는 여러분의 투표를 낭비하려 했습니다. 그가 (재임에) 실패하자 그는 무장한 폭도들을 미국 국회 의사당에 보냈고, 그곳에서 법 집행관들을 공격했습니다. 그의 당 내 정치인들이 폭도를 해산시키고 도움을 요청했지만, 그는 반대로 불을 지폈습니다. 이제 그는 전혀 다른 범죄로 평범한 미국인이란 배심원으로부터 사기 유죄 판결을 받았고, 별도로 성적 학대에 대한 책임이 인정되었습니다. 그리고 우리가 다시 권력을 주면 그가 무엇을 하려는지 고려해 보십시오. 의사당에서 법 집행관들을 공격한 폭력적 극단주의자들을 풀어주려는 그의 명백한 의도를 생각해 보십시오.

Check the Vocabulary

be found guilty of ～유죄 판결을 받다 | **jury** 배심원 | **separately** 별도로, 별개로 | **liable for** ～에 대한 책임이 있는 | **explicit** 명백한 | **extremist** 극단주의자

02-05

His explicit intent to jail journalists, political opponents and anyone he sees as the enemy. His explicit intent to deploy our active duty military against our own citizens. Consider, consider the power he will have, especially after the U.S. Supreme Court just ruled that he would be immune from criminal prosecution. Just imagine Donald Trump with no guardrails, and how he would use the immense powers of the presidency of the United States. Not to improve your life, not to strengthen our national security, but to serve the only client he has ever had: himself.

And we know, and we know what a second Trump term would look like. It's all laid out in Project 2025, written by his closest advisers. And its sum total is to pull our country back to the past. But America, we are not going back. We are not going back. We are not going back.

Check the Vocabulary

jail 감옥에 가두다 | political opponent 정적 | deploy 배치하다, 효율적으로 사용하다 | active duty 현역의 | rule 판결을 내리다 | immune from ~으로부터 면책권을 가지는 | criminal prosecution

그가 저널리스트들, 정치적 반대자들, 그리고 자신이 적으로 보는 모든 이들을 감옥에 가두려는 명백한 의도를 갖고 있다는 점을 고려해 보십시오. 그의 명백한 의도는 우리 현역군을 동원하여 우리 시민들에 대해 무력 사용을 하려는 것입니다. 미국 대법원이 그를 형사 기소에서 면책된다고 판결한 후의 권력을 상상해 보십시오. 도널드 트럼프가 어떠한 제약 없이 대통령직의 막대한 권력을 어떻게 사용할지 상상해 보십시오. 그것은 여러분의 삶을 개선하기 위해서가 아니라, 우리의 국가 안보를 강화하기 위해서가 아니라, 오직 그가 지금까지 유일하게 섬겨온 고객인 자기 자신을 위해서일 것입니다.

그리고 우리는, 우리는 두 번째 트럼프 임기가 어떤 모습일지 알고 있습니다. 그것은 그의 가장 가까운 보좌관들이 쓴 프로젝트 2025에 모두 나와 있습니다. 그가 원하는 모든 것은 우리나라를 과거로 되돌리는 것입니다. 그러나 미국, 우리는 돌아가지 않을 것입니다. 우리는 돌아가지 않을 것입니다. 우리는 돌아가지 않을 것입니다.

Check the Vocabulary

형사 기소 | **guardrail** 방호책 | **immense** 막대한 | **presidency** 대통령직 | **strengthen** 강화시키다 | **lay out** 제시하다 (=set out), 계획하다 | **adviser** 보좌관 | **sum total** 전부, 모든 것

We are not going back to when Donald Trump tried to cut Social Security and Medicare. We are not going back to when he tried to get rid of the Affordable Care Act, when insurance companies could deny people with pre-existing conditions. We are not going to let him eliminate the Department of Education that funds our public schools.

We are not going to let him end programs like Head Start that provide preschool and child care for our children. America, we are not going back.

And we are charting — and we are charting a new way forward. Forward to a future with a strong and growing middle class because we know a strong middle class has always been critical to America's success, and building that middle class will be a defining goal of my presidency.

Check the Vocabulary

Social Security 사회 보장 제도 | **Medicare** 메디케어(미국에서 65세 이상 된 사람에 대한 의료 보험 제도) | **get rid of** 제거하다 | **Affordable Care Act** 건강보험개혁법(미국에서 저소득층까지 의료보장제

30

우리는 도널드 트럼프가 사회 보장 제도와 메디케어를 축소하려 했던 시절로 돌아가지 않을 것입니다. 그가 오바마케어를 없애려고 했던 시절로 돌아가지 않을 것입니다. 그때는 보험 회사들이 기존 질병이 있는 사람들을 거부할 수 있었습니다. 우리는 그가 공립 학교를 지원하는 교육부를 없애도록 두지 않을 것입니다.

우리는 그가 헤드 스타트와 같은 프로그램을 종료하여 우리 아이들에게 유치원과 보육 서비스를 제공하지 않도록 두지 않을 것입니다. 미국 시민 여러분, 우리는 돌아가지 않을 것입니다.

우리는 앞으로 나아갈 새로운 길을 개척하고 있습니다. 강력하고 성장하는 중산층을 가진 미래로 나아가고 있습니다. 강력한 중산층이 미국의 성공에 항상 중요한 요소였다는 것을 알고 있으며, 그 중산층을 구축하는 것이 제 대통령 임기의 본질적인 목표가 될 것입니다.

Check the Vocabulary

도를 확대하는 법안, 오바마케어) | **pre-existing** 기존의 | **condition** 질병(상태) | **Head Start** 어린이집 (사립 유치원에 비해 상대적으로 저렴한 미국 공립 어린이집)

SPEECH

03

Kamala Harris's
Democratic Convention Speech 3

카멀라 해리스의 대통령 후보 수락연설 3

2024년 8월 22일, 시카고 민주당 전당대회

카멀라 해리스

카멀라 해리스(Kamala Harris)는 미국 제49대 부통령으로, 2021년 1월 20일부터 재임 중이다. 그녀는 미국 최초의 여성 부통령, 최초의 아프리카계 미국인 부통령, 그리고 최초의 남아시아계 부통령이다.

1964년 10월 20일, 캘리포니아주 오클랜드에서 태어난 해리스는 인도 출신 어머니와 자메이카 출신 아버지 사이에서 태어났다. 검사로 경력을 시작해 샌프란시스코 지검장과 캘리포니아주 법무장관을 역임했고, 이후 2017년에 캘리포니아 상원의원으로 선출되었다.

해리스는 형사 사법 개혁, 보건 정책, 시민권 문제에 중점을 둔 커리어를 쌓았고, 부통령으로서 기후 변화, 이민 개혁, 투표권 관련 정책에 힘쓰고 있다.

And I'll tell you, this is personal for me. The middle class is where I come from. My mother kept a strict budget. We lived within our means. Yet, we wanted for little and she expected us to make the most of the opportunities that were available to us, and to be grateful for them. Because, as she taught us, opportunity is not available to everyone. That's why we will create what I call an opportunity economy, an opportunity economy where everyone has the chance to compete and a chance to succeed. Whether you live in a rural area, small town, or big city. And as president, I will bring together labor and workers and small-business owners and entrepreneurs and American companies to create jobs, to grow our economy and to lower the cost of everyday needs like health care and housing and groceries.

Check the Vocabulary

personal 개인적인, 개인적으로 의미 있는 | **strict** 엄격한 | **budget** 예산 | **within one's means** 수입 내에서 | **want for little** 부족한 것이 없다 | **make the most of** ~을 최대한 활용하다

그리고 말씀드리자면, 이것은 제게 개인적인 의미가 있습니다. 중산층이 제 출발점이었습니다. 어머니는 엄격한 예산을 지켰고, 우리는 수입 내에서 생활했습니다. 그럼에도 불구하고 우리는 부족한 것이 없었고, 어머니는 우리가 주어진 기회를 최대한 활용하고 그것들에 감사하길 기대하셨습니다. 왜냐하면, 어머니가 가르쳐 주셨듯이, 기회는 모든 사람에게 주어지는 것이 아니기 때문입니다. 그래서 저는 "기회의 경제"를 만들 것입니다. 기회의 경제는 모든 사람이 경쟁할 기회와 성공할 기회를 갖는 것입니다. 농촌 지역, 소도시, 대도시 어느 곳에 살든지 상관없이 말입니다. 그리고 대통령으로서 저는 노동자, 소상공인, 기업가, 그리고 미국 기업들을 모아 일자리를 창출하고, 경제를 성장시키며, 건강관리, 주택, 식료품과 같은 일상적인 필요의 비용을 낮추겠습니다.

Check the Vocabulary

grateful for ~에 감사하는 | compete 경쟁하다 | rural 시골의 | bring together 한데 모으다 | small-business owner 소상공인 | entrepreneur 기업가

03-02

We will provide access to capital for small-business owners and entrepreneurs and founders. And we will end America's housing shortage, and protect Social Security and Medicare.

Now compare that to Donald Trump. Because I think everyone here knows, he doesn't actually fight for the middle class. Not — he doesn't actually fight for the middle class. Instead, he fights for himself and his billionaire friends. And he will give them another round of tax breaks that will add up to $5 trillion to the national debt.

And all the while, he intends to enact what, in effect, is a national sales tax, call it a Trump tax, that would raise prices on middle-class families by almost $4,000 a year. Well, instead of a Trump tax hike, we will pass a middle-class tax cut that will benefit more than 100 million Americans.

Check the Vocabulary

access 접근 | capital 자본 | founder 창립자 | housing shortage 주택부족 | round 한 차례, 한 바탕 | tax break 세금 감면 | add up to ~까지 더하다 | national debt 국가 부채 | all the while

36

우리는 소상공인, 기업가, 창립자들에게 자본에 대한 접근을 제공하고, 미국의 주택 부족 문제를 해결하며, 사회 보장 제도와 메디케어를 보호할 것입니다.

이제 도널드 트럼프와 비교해 보십시오. 모두 아시겠지만, 그는 실제로 중산층을 위해 싸우지 않습니다. 그는 자신과 그의 억만장자 친구들을 위해 싸웁니다. 그리고 그들은 또 다른 세금 감면을 받게 될 것이며, 이는 국가 부채에 5조 달러까지 더할 것입니다.

그 동안 그는 사실상 국가 판매세를 도입하려 하고 있으며, 이를 "트럼프 세금"이라고 부를 수 있습니다. 이로 인해 중산층 가정의 연간 비용이 거의 4천 달러 증가할 것입니다. 우리는 트럼프 세금 인상 대신, 1억 명 이상의 미국인들에게 혜택을 줄 중산층 세금 감면을 통과시킬 것입니다.

Friends, I believe America cannot truly be prosperous unless Americans are fully able to make their own decisions about their own lives, especially on matters of heart and home.

But tonight, in America, too many women are not able to make those decisions. And let's be clear about how we got here: Donald Trump handpicked members of the U.S. Supreme Court to take away reproductive freedom. And now, he brags about it. In his words, "I did it, and I'm proud to have done it."

Well, I will tell you, over the past two years, I've traveled across our country, and women have told me their stories. Husbands and fathers have shared theirs. Stories of women miscarrying in a parking lot, developing sepsis, losing the ability to ever again have children, all because doctors are afraid they may go to jail for caring for their patients. Couples just trying to grow their family, cut off in the middle of I.V.F. treatments.

---

prosperous 번영한, 번창한 | **on a matter of** ~에 관한 문제에 대해서 | **be clear about** ~에 대해서 명확히 하다 | **handpick** (자기에 맞추어) 고르다 | **take away** 앗아가다, 박탈하다 | **reproductive**

여러분, 저는 미국이 진정으로 번영하려면 미국인들이 자신의 삶에 대해 스스로 결정을 내릴 수 있어야 한다고 믿습니다. 특히 마음과 가정에 관한 문제에서 말이죠.

하지만 오늘 밤, 미국에서는 너무 많은 여성들이 그런 결정을 내릴 수 없습니다. 우리가 여기에 어떻게 도달했는지 명확히 합시다. 도널드 트럼프는 미국 대법원의 판사들을 직접 지명하여 생식의 자유를 박탈했습니다. 그리고 이제 그는 그것에 대해 자랑하고 있습니다. 그의 말로는, "제가 해냈고, 나는 그것을 한 것이 자랑스럽다"고 말했습니다.

지난 2년 동안, 저는 우리나라를 여행하며 여성들의 이야기를 들었습니다. 남편과 아버지들도 그들의 이야기를 나누었습니다. 주차장에서 유산을 경험하고, 패혈증에 걸리고, 다시는 아이를 가질 수 없는 상황에 처한 여성들, 모두 의사들이 환자를 돌보다가 감옥에 갈까 두려워서 발생한 일입니다. 가족을 키우려던 커플이 IVF 치료 도중에 그만두게 된 이야기도 들었습니다.

Check the Vocabulary

freedom 생식의 자유 | **miscarry** 유산하다 | **parking lot** 주차장 | **develop** 걸리다 | **sepsis** 패혈증 (일종의 혈액질병) | **care for** 돌보다 | **cut off** 차단하다 | **I.V.F. treatment** IVF 치료(시험관 시술)

Children who have survived sexual assault, potentially being forced to carry a pregnancy to term. This is what's happening in our country because of Donald Trump. And understand, he is not done. As a part of his agenda, he and his allies would limit access to birth control, ban medication abortion and enact a nationwide abortion ban, with or without Congress.

And get this. Get this. He plans to create a national anti-abortion coordinator, and force states to report on women's miscarriages and abortions. Simply put, they are out of their minds. And one must ask — one must ask, why exactly is it that they don't trust women? Well, we trust women. We trust women.

Check the Vocabulary

survive (위기 등을) 견뎌 내다[넘기다] | sexual assault 성폭행 | be forced to 어쩔 수 없이 ~하다
| pregnancy 임신 | carry ~ to term (임신을) 유지해서 아이를 낳다 | agenda 계획 | ally 동료

성폭행에서 살아남은 아이들이 분만 때까지 임신을 유지해야하는 상황이 발생하고 있습니다. 이것이 도널드 트럼프 때문입니다. 그리고 이해해야 할 것은, 그는 아직 끝나지 않았다는 것입니다. 그의 계획의 일환으로, 그는 그의 동료들과 함께 피임 접근을 제한하고, 약물 낙태를 금지하며, 국회가 있든 없든 전국적인 낙태 금지를 시행하려고 합니다.

그리고 이걸 들어보세요. 이걸 들어보세요. 그는 국가적인 낙태 반대 조정관을 만들고, 주들에게 여성의 유산과 낙태에 대한 보고를 강요할 계획입니다. 간단히 말해서, 그들은 제정신이 아닙니다. 그리고 누구든 그들이 도대체 왜 여성을 신뢰하지 않는지 정확히 물어야 합니다. 우리는 여성들을 신뢰합니다. 우리는 여성들을 신뢰합니다.

---

anti-abortion 낙태 반대 | **coordinator** 조정관 | **report on** ~에 대해서 보고하다 | **simply put** 단단히 말해서 | **out of one's mind** 제정신이 아닌

03-05

And when Congress passes a bill to restore reproductive freedom, as president of the United States, I will proudly sign it into law.

In this election, many other fundamental freedoms are at stake. The freedom to live safe from gun violence in our schools, communities and places of worship. The freedom to love who you love openly and with pride.

The freedom to breathe clean air, and drink clean water and live free from the pollution that fuels the climate crisis. And the freedom that unlocks all the others: the freedom to vote. With this election, we finally have the opportunity to pass the John Lewis Voting Rights Act and the Freedom to Vote Act.

And let me be clear — and let me be clear, after decades in law enforcement, I know the importance of safety and security, especially at our border. Last year, Joe and I brought together Democrats and conservative Republicans to write the strongest border bill in decades. The border patrol endorsed it. But Donald Trump believes a border deal would hurt his campaign, so he ordered his allies in Congress to kill the deal.

그리고 의회가 생식의 자유를 복원하는 법안을 통과시키면, 미국 대통령으로서 저는 그 법안을 자랑스럽게 서명할 것입니다.

이번 선거에서는 많은 기본적인 자유가 걸려 있습니다. 우리 학교, 지역 사회, 예배 장소에서 총기 폭력으로부터 안전하게 지낼 자유. 공개적으로 자랑스럽게 사랑하는 자유.

깨끗한 공기를 마시고, 깨끗한 물을 마시며, 기후 위기를 악화시키는 오염의 염려가 없을 자유, 그리고 모든 다른 자유를 열어주는 투표할 자유 말이죠. 이번 선거를 통해 우리는 마침내 존 루이스 투표 권리 법안과 투표 자유 법안을 통과시킬 기회를 가지게 됩니다.

그리고 분명히 말씀드리자면, 법 집행 분야에서 수십 년을 일하면서, 특히 우리 국경에서 안전과 보안의 중요성을 잘 알고 있습니다. 작년, 조 바이든과 저는 민주당과 보수적인 공화당원들을 모아 수십 년 만에 가장 강력한 국경 법안을 작성했습니다. 국경 순찰대도 이를 지지했습니다. 그러나 도널드 트럼프는 국경 협상이 그의 캠페인에 해를 끼칠 것이라고 믿으며, 그의 자기편들에게 이 법안을 무산시키라고 지시했습니다.

Check the Vocabulary

with pride 자랑스럽게 | **free from** ~을 면한, ~의 염려가 없는 | **Democrats** 민주당원 | **conservative** 보수적인 | **Republicans** 공화당원 | **deal** 법안(bill), 거래

03-06

Well, I refuse to play politics with our security, and here is my pledge to you. As president, I will bring back the bipartisan border security bill that he killed, and I will sign it into law. I know — I know we can live up to our proud heritage as a nation of immigrants and reform our broken immigration system. We can create an earned pathway to citizenship and secure our border.

And America, we must also be steadfast in advancing our security and values abroad. As vice president, I have confronted threats to our security, negotiated with foreign leaders, strengthened our alliances and engaged with our brave troops overseas. As commander in chief, I will ensure America always has the strongest, most lethal fighting force in the world. And I will fulfill our sacred obligation to care for our troops and their families, and I will always honor and never disparage their service and their sacrifice.

Check the Vocabulary

play politics with ~을 정치적 도구로 삼다 | **pledge** 서약, 약속 | **bring back** 가져오다 | **bipartisan** 초당적 | **border security bill** 국경 보안 법안 | **live up to** ~에 부응하여 살다

저는 우리의 안전과 보안을 정치적 도구로 삼는 것을 거부합니다. 그리고 여러분께 약속드립니다. 대통령이 되면, 그는 무산시킨 초당적 국경 보안 법안을 다시 가져와 서명하겠습니다. 우리는 이민자의 나라로서 자랑스러운 유산에 부응하여 살고, 우리의 이민 시스템을 개혁할 수 있습니다. 우리는 시민권을 위한 공정한 길을 만들고, 국경을 안전하게 지킬 수 있습니다.

그리고 미국 시민 여러분, 우리는 해외에서 우리의 안보와 가치를 증진하는 데에도 굳건해야 합니다. 부통령으로서, 저는 우리의 안보에 대한 위협에 맞서 싸우고, 외국 지도자들과 협상하며, 동맹을 강화하고, 용감한 군인들과 소통해 왔습니다. 총사령관으로서, 저는 미국이 항상 세계에서 가장 강력하고 치명적인 전투 병력을 유지하도록 보장할 것입니다. 그리고 저는 우리의 군인들과 그 가족을 돌보는 신성한 의무를 다할 것이며, 그들의 복무와 희생을 항상 존경하고 결코 폄하하지 않을 것입니다.

I will make sure that we lead the world into the future on space and artificial intelligence. That America, not China, wins the competition for the 21st century and that we strengthen, not abdicate, our global leadership. Trump, on the other hand, threatened to abandon NATO. He encouraged Putin to invade our allies. Said Russia could "do whatever the hell they want."

Five days before Russia attacked Ukraine, I met with President Zelensky to warn him about Russia's plan to invade. I helped mobilize a global response — over 50 countries — to defend against Putin's aggression. And as president, I will stand strong with Ukraine and our NATO allies.

With respect to the war in Gaza, President Biden and I are working around the clock, because now is the time to get a hostage deal and a cease-fire deal done.

---

artificial intelligence 인공지능 | **abdicate** 포기하다, 버리다 | **encourage** 부추기다 | **mobilize** 동원하다 | **response** 대응 | **defend against** ~에 대항하여 방어하다 | **aggression** 공격

저는 우리가 우주와 인공지능 분야에서 세계를 선도할 수 있도록 할 것입니다. 중국이 아니라 미국이 21세기 경쟁에서 승리하도록 하고, 우리의 글로벌 리더십을 포기하는 것이 아니라 강화할 것입니다. 반면에, 트럼프는 NATO를 포기하겠다고 위협했으며, 푸틴에게 우리의 동맹국들에 대한 침공을 부추겼습니다. 그는 러시아가 "마음껏 해도 된다"고 말했습니다.

러시아가 우크라이나를 공격하기 5일 전, 저는 젤렌스키 대통령과 만나 러시아의 침공 계획에 대해 경고했습니다. 저는 50개 이상의 국가로부터 (군사적 측면의) 글로벌 대응 동원하여 푸틴의 공격에 맞서 방어했습니다. 대통령으로서, 저는 우크라이나와 NATO 동맹국들과 함께 강하게 서 대응하다.

가자 전쟁에 관해서는, 바이든 대통령과 저는 시간을 아끼지 않고 일하고 있습니다. 이제는 인질 협상과 정전 협정을 성사시킬 때입니다.

Check the Vocabulary

stand strong 강경하게 서 대응하다 | **with respect to** ~에 관해서 | **around the clock** 24시간 내내 | **hostage deal** 인질협상 | **cease-fire deal** 정전협정

And let me be clear. And let me be clear. I will always stand up for Israel's right to defend itself, and I will always ensure Israel has the ability to defend itself, because the people of Israel must never again face the horror that a terrorist organization called Hamas caused on Oct. 7, including unspeakable sexual violence and the massacre of young people at a music festival.

At the same time, what has happened in Gaza over the past 10 months is devastating. So many innocent lives lost. Desperate, hungry people fleeing for safety, over and over again. The scale of suffering is heartbreaking.

President Biden and I are working to end this war, such that Israel is secure, the hostages are released, the suffering in Gaza ends and the Palestinian people can realize their right to dignity, security, freedom and self-determination.

Check the Vocabulary

ensure 보장하다 | face 직면하다 | terrorist organization 테러리스트 조직 | cause 유발하다 | unspeakable 표현할 수 없는 | massacre 학살 | devastating 파괴적인, 참담한 | innocent 무고한

그리고 분명히 말씀드리자면, 저는 이스라엘이 자국을 방어할 권리를 항상 지지할 것입니다. 이스라엘이 자국을 방어할 수 있는 능력을 보장할 것입니다. 이스라엘 국민들은 10월 7일 하마스라는 테러리스트 조직이 일으킨 말 못할 성폭력과 음악축제에 있던 젊은이들을 학살한 것을 포함한 공포를 다시는 겪어서는 안 되기 때문입니다.

동시에, 지난 10개월 동안 가자에서 일어난 일은 참담합니다. 많은 무고한 생명이 잃었고, 안전을 찾기 위해 계속해서 도망가는 절망적이고 굶주린 사람들. 그 고통의 규모에 가슴이 무너집니다.

바이든 대통령과 저는 이 전쟁을 끝내기 위해 노력하고 있습니다. 이스라엘의 안전이 보장되고, 인질들이 석방되며, 가자에서의 고통이 끝나고, 팔레스타인 사람들이 존엄성, 안전, 자유, 자결의 권리를 실현할 수 있도록 말입니다.

03-09

And know this: I will never hesitate to take whatever action is necessary to defend our forces and our interests against Iran and Iran-backed terrorists. I will not cozy up to tyrants and dictators like Kim Jong-un, who are rooting for Trump. Who are rooting for Trump.

Because, you know, they know — they know he is easy to manipulate with flattery and favors. They know Trump won't hold autocrats accountable because he wants to be an autocrat himself.

And as president, I will never waver in defense of America's security and ideals, because in the enduring struggle between democracy and tyranny, I know where I stand and I know where the United States belongs.

Check the Vocabulary

hesitate to ~하는 것을 주저하다 | **take action** 조치를 취하다 | **Iran-backed** 이란에 지원을 받는 | **cozy up to** 아부하다, 굽실거리다, (누군가에게) 목적을 가지고 친근하게 다가가다 | **tyrant** 폭군

그리고 아는 바와 같이, 저는 이란과 이란에 지원을 받는 테러리스트들에 대해 우리 군과 이익을 방어하기 위해 필요한 조치를 주저하지 않을 것입니다. 저는 김정은과 같은 폭군과 독재자에게 굽실거리지 않을 것입니다. 그들은 트럼프를 지지하고 있습니다.

그들은 아첨과 특혜로 트럼프를 조종하기 쉽다는 것을 알고 있습니다. 트럼프는 스스로가 독재자가 되기를 원하기 때문에 독재자들에게 책임을 묻지 않을 것입니다.

대통령으로서, 저는 미국의 안전과 이상을 방어하는 데 결코 흔들리지 않을 것입니다. 민주주의와 폭정 사이의 지속적인 싸움에서 저는 제 위치를 알고 있으며, 미국이 어디에 속하는지 알고 있습니다.

So, fellow Americans. Fellow Americans. I — I love our country with all my heart. Everywhere I go — everywhere I go, in everyone I meet, I see a nation that is ready to move forward. Ready for the next step in the incredible journey that is America.

I see an America where we hold fast to the fearless belief that built our nation and inspired the world. That here, in this country, anything is possible. That nothing is out of reach. An America where we care for one another, look out for one another and recognize that we have so much more in common than what separates us. That none of us — none of us has to fail for all of us to succeed.

Check the Vocabulary

with all my heart 온 마음을 다해 | **move forward** 앞으로 나아가다 | **incredible** 놀라운 | **hold fast to** 고수하다 | **fearless** 두려움 없는 | **out of reach** 손이 닿지 않는

그래서 미국 시민 여러분. 미국 시민 여러분. 저는 우리의 나라를 온 마음을 다해 사랑합니다. 제가 가는 모든 곳, 제가 만나는 모든 사람들 속에서, 저는 앞으로 나아갈 준비가 된 나라를 봅니다. 미국이라는 놀라운 여정의 다음 단계에 준비가 되어 있는 나라를 봅니다.

저는 우리가 나라를 세우고 세상을 감동시킨 두려움 없는 신념을 고수하는 미국을 봅니다. 이 나라에서, 모든 것이 가능하다는 믿음. 아무것도 손에 닿지 않는 것이 없다는 믿음. 서로를 돌보고, 서로를 살펴보며, 우리를 분리하는 것보다 더 많은 공통점을 가진다는 것을 인정하는 미국. 모든 사람이 성공하기 위해서 아무도 실패할 필요가 없다는 것을 아는 미국말이죠.

And that in unity, there is strength. You know, our opponents in this race are out there every day denigrating America, talking about how terrible everything is. Well, my mother had another lesson she used to teach: "Never let anyone tell you who you are. You show them who you are".

America, let us show each other and the world who we are and what we stand for: Freedom, opportunity, compassion, dignity, fairness and endless possibilities.

We are the heirs to the greatest democracy in the history of the world. And on behalf of our children and our grandchildren and all those who sacrificed so dearly for our freedom and liberty, we must be worthy of this moment.

Check the Vocabulary

unity 단결, 통일 | **opponent** 적 | **denigrate** 폄하하다 | **lesson** 교훈 | **compassion** 연민 | **dignity** 위엄 | **endless** 끊임없는 | **heir** 후손, 상속자 | **on behalf of** ~을 대신해서

그리고 단결 속에서 힘이 있다는 것을 아는 것입니다. 경쟁자들은 매일 싸움터에서 미국을 폄하하며 모든 것이 얼마나 끔찍한지 이야기하고 있습니다. 제 어머니가 가르치시던 또 다른 교훈이 있습니다. "그 누구도 네가 어떤 사람인지 말하게 두지마라. 그 사람들에게 네가 어떤 사람인지를 보여줘라."

미국 시민 여러분, 우리 자신과 세계에 우리가 누구인지, 우리가 무엇을 지지하는지를 보여줍시다. 자유, 기회, 연민, 존엄, 공정성, 그리고 끝없는 가능성을 지지한다는 것을 보여줍시다.

우리는 세계 역사상 가장 위대한 민주주의의 후손입니다. 우리 아이들, 손주들, 그리고 우리 자유와 독립을 위해 엄청난 희생을 한 모든 이들을 대신하여, 우리는 이 순간에 걸맞은 가치 있는 존재가 되어야 합니다.

SPEECH
04

Julie Andrews's CU Boulder Commencement Speech 1

줄리 앤드류스의 콜로라도 대학교 졸업식 연설 1

2013년 5월 10일, 콜로라도 대학교

줄리 앤드류스

줄리 앤드류스는 〈사운드 오브 뮤직(The Sound of Music, 1965)〉으로 잘 알려진 영화배우이다. 19세 나이로 뮤지컬 〈마이 페어 레이디(My Fair Lady)〉의 주인공 일라이자(Eliza) 역으로 공연하고, 브로드웨이에 진출하면서 영화 출연의 발판을 삼는다. 당시 전설적인 배우인 오드리 헵번으로 인해 〈마이 페어 레이디〉를 영화화한 작품에는 출연하지 못했지만, 〈메리 포핀스(Mary Poppins)〉에 출연하였다. 이 영화는 아카데미 13개 부문에 노미네이트되어 여우주연상, 음악상 등 5개 부분을 석권하는 기염을 토했다. 이후 〈사운드 오브 뮤직〉의 주연배우를 맡아 세계적 배우가 되었다. 원래 영화 제작비가 2000만 달러 정도였다고 하는데, 나중에 ABC TV가 1회에 1500만 달러를 지불했다고 하니 이 작품이 얼마나 크게 성공했는지를 알 수 있다. 1995년 60세의 나이로 〈빅터 빅토리아(Victor Victoria)〉의 주연을 맡으면서 다시 한 번 팬들의 마음을 사로잡지만, 무리한 공연 탓에 성대에 난 혹 수술을 한 후 세계를 사로잡은 그 목소리를 잃게 된다. 이후 아동문학에 관심을 가졌고, 2004년에는 〈슈렉 II〉에서 '릴리언 왕비' 역할의 목소리 연기를 맡기도 했다.

I've been thinking about today, and what I could say to you. And it suddenly occurred to me that one of the last speeches you will hear in college will be this one. Now, that scared me half to death. I mean, what can I tell you? I never finished high school. I never, sadly, attended college. As a youngster, I was traveling the length and breadth of the British Isles, singing my head off in the British musicals — a theater brat, with a freaky 4 ½ octave range. And now you might assume that after a life in the theater and film, I wouldn't be nervous in a situation like this, but I can assure you that I am or I certainly was, before your very warm welcome.

Today is about celebration, but despite that, I thought you might just also be feeling a little nervous — and, perhaps even fearful. I mean you've been safely nestled in these mountains for the past few years. You've had amazing mentors guiding your way through the best possible education. And now, you stand on the threshold of the next phase of your life.

Check the Vocabulary

half to death 거의 죽을 정도로(과장법) | the length and breadth of ~의 전체에 걸쳐 | sing the head off 아주 신나게 노래를 부르다 | brat 녀석, 놈 | assume 가정하다, 생각하다

58

오늘 제가 여러분에게 들려 드릴 이야기에 대해서 생각해 왔습니다. 갑자기 여러분이 대학에서 듣게 되는 마지막 연설 중 하나가 이것이 될 것이라는 생각이 떠올랐습니다. 이것은 저를 죽을 만큼 무섭게 만들었습니다. 제 말은, 제가 여러분에게 무엇을 말할 수 있을까요? 저는 고등학교를 끝내지 못했고, 슬프게도 대학에 가지 못했습니다. 저는 어린 나이에, 영국 전역을 여행하며, 영국 뮤지컬에서 신나게 노래를 불렀습니다. 4옥타브 반을 오르내리는 뮤지컬 연극에 미친 사람이었죠. 여러분은 아마도 연극과 영화로 삶을 보냈으니, 지금 같은 상황에서 제가 긴장하지 않을 것이라 생각하겠지만, 여러분의 따뜻한 환대를 받기 전에, 저는 확실히 긴장했습니다.

오늘은 축하의 날입니다. 그럼에도 불구하고 여러분 또한 약간은 떨릴 수 있습니다. 아마도 두려울 수도 있겠죠. 제 말은 지난 몇 년 동안 여러분은 이곳 산자락에 안전하게 둥지를 틀고 있었습니다. 받을 수 있는 최고의 교육을 통해 여러분의 길을 안내하는 놀라운 스승을 모시고였죠. 그리고 지금, 여러분은 다음 단계의 삶의 문턱에 서 있습니다.

Some of you may know what lies ahead of you; and perhaps some of you haven't made a decision yet. Whatever the case, this is the first of many transitions you will likely encounter in your lifetime. Believe me, feeling nervous is just par for the course.

I remember once saying to my husband, Blake, on the eve of my return to Broadway after a 35 year absence, I said to him "You know, I'm really feeling VERY frightened about this," and I began to tear up. He smiled and he simply replied, "Darling, did you actually expect to feel anything else today?" I remembered — all over again — that fear is a part of life. The trick is to recognize it and then press on anyway. The REAL TRICK, however is to stop focusing on yourself and start focusing on others.

There was a time in my, I guess late 20s when I worried all the time what audiences might think of me, I mean "would they like me?" "was I up to par?, and so on." and it suddenly dawned on to me that everyone in the audience had paid good money to come and see a show they really wanted to see, and possibly, they were there after a day of dealing with a lot of stress.

Check the Vocabulary

what lies ahead of you 당신 앞에 놓인 것 | **make a decision** 결정을 하다 | **whatever the case** 어느 경우든 간에 | **transition** 과도기 | **encounter** 직면하다 | **on the eve of** ～의 전날에

여러분 중 몇 명은 자신 앞에 무엇이 놓여 있는지 알지도 모릅니다. 그리고 여러분 중 몇 명은 아직 결정을 내리지 못한 상태일지 모르죠. 어떤 경우든, 이는 여러분의 일생에서 마주치게 될 많은 과도기 중의 첫 번째에 해당하는 것입니다. 장담하건대, 초조함을 느끼는 것은 단지 이 과정에서 정상적인 것입니다.

제가 35년의 공백을 깨고 브로드웨이에 돌아오기 전날, 남편인 블레이크에게 말한 것을 기억합니다. "있잖아요. 이것에 대해서 몹시 두려움을 느끼고 있어요."라고 그에게 말했어요. 그리고는 저는 울기 시작했습니다. 그는 솔직하게 답변했습니다. "여보, 오늘 정말 다른 감정을 느낄 것이라고 기대했어?" 저는 다시 한 번 두려움은 일생의 일부분이라는 것을 되새겼습니다. 비결은 이것을 인식한 후 어쨌든 계속해서 밀어붙이는 것입니다. 그러나 사실 진정한 비결은 자신에게 초점을 맞추지 않고, 다른 사람에게 초점을 맞추는 것입니다.

관중이 나를 어떻게 생각할지, 그러니까 "이들이 나를 좋아해 줄까?" "내가 기대에 부응했을까?" 등등에 대해서 항상 걱정하던 20대 후반의 때가 있었던 것 같아요. 그리고 관중의 모든 사람들이 자신이 정말 보고자 원했던 쇼를 보기 위해 상당한 돈을 지불했고, 엄청난 스트레스를 받았던 날이 끝난 후 여기에 있다는 생각이 갑자기 저에게 떠올랐습니다.

Check the Vocabulary

absence 부재 | **feel frightened** 두려움을 느끼다 | **tear up** 울음을 터뜨리다 | **trick** 비결 | **focus on** ~에 집중하다 | **up to par** 기대에 부응하는

Maybe it was tax time, perhaps someone had a family member who was ill, or had a fight with a loved one — I could think of a hundred scenarios. And I realized that I was in a position to brighten their day to make a difference to give them 3 hours of surcease, of transcendence, and hopefully, joy. From that moment on, I began to develop a mindset of giving. I stopped looking inward, I began to grow up and I started looking outward, with an eye making a difference wherever and whenever I could.

So, today, I invite YOU to start looking at life the same way.

There are so many opportunities for giving in this world. And I mean, don't just engage in random acts of kindness, that is fine but engage in planned acts of kindness. There are at-risk children who need to be mentored. There are people who go hungry every single day, there are those who are infirm and have no one to look after them. Some have experienced a paralyzing loss. Use your knowledge and your heart to stand up for those who can't stand. Speak for those who can't speak.

Be a beacon of light, for those whose lives have become dark. Fight the good fight against global warming. Be a part of all that is decent. Be an ambassador for the kind of world that YOU want to live in.

Check the Vocabulary

brighten 밝히다 | **make a difference** 변화를 일구다 | **surcease** 정지 | **from that moment on** 그 순간 이후 | **mindset** 사고방식 | **giving** 기부 | **engage in** 관여하다, 개입하다

아마도 세금 정산의 시기였을 수도 있고, 누군가는 병을 앓고 있는 가족의 구성원이 있는 사람일 수 있고, 또는 사랑하는 사람과 싸운 사람일 수 있습니다. 저는 백 가지의 상황을 생각했죠. 저는 제가 이들에게 세 시간의 정지, 초월 그리고 소망컨대 기쁨을 제공함으로써 변화를 통해 이들의 하루를 밝게 할 수 있는 자리에 있다는 것을 깨달았습니다. 그 순간 이후, 저는 베푸는 사고방식을 가지기 시작했습니다. 저는 내면을 바라보는 것을 멈추고, 어디서든, 언제든 할 수 있다면 변화를 만들어내는 눈으로 외면을 바라보기 시작했습니다.

오늘 저는 여러분이 동일한 방식으로 삶을 바라보기 시작하기를 요청합니다.

이 세상에는 베풀 수 있는 기회가 아주 많이 있습니다. 우연에 의한 친절한 행위를 하지 마세요. 물론 이것도 괜찮지만, 계획된 친절한 행위를 하십시오. 삶의 방향성을 필요로 하는 위험에 처한 아이들이 있습니다. 매일 굶주림에 살아가는 사람들이 있습니다. 연약하고 자신을 돌볼 사람이 없는 사람들이 있습니다. 어떤 이는 엄청난 상실감을 겪었습니다. 당신의 지식과 따뜻한 마음을 사용하여 홀로 설 수 없는 사람들을 대변해 주세요. 말 못 하는 사람들을 위해서 대신 말해 주세요.

어둠의 삶을 살아가는 사람들을 위해서 등대가 되십시오. 온난화에 대응하는 선한 싸움을 하세요. 선하고, 곧은 모든 것에 참여하세요. '당신'이 살기 원하는 그런 세상을 위한 대사가 되십시오.

SPEECH
05

Julie Andrews's CU Boulder Commencement Speech 2

줄리 앤드류스의 콜로라도 대학교 졸업식 연설 2

2013년 5월 10일, 콜로라도 대학교

줄리 앤드류스

줄리 앤드류스는 〈사운드 오브 뮤직(The Sound of Music, 1965)〉으로 잘 알려진 영화배우이다. 19세 나이로 뮤지컬 〈마이 페어 레이디(My Fair Lady)〉의 주인공 일라이자(Eliza) 역으로 공연하고, 브로드웨이에 진출하면서 영화 출연의 발판을 삼는다. 당시 전설적인 배우인 오드리 헵번으로 인해 〈마이 페어 레이디〉를 영화화한 작품에는 출연하지 못했지만, 〈메리 포핀스(Mary Poppins)〉에 출연하였다. 이 영화는 아카데미 13개 부문에 노미네이트되어 여우주연상, 음악상 등 5개 부분을 석권하는 기염을 토했다. 이후 〈사운드 오브 뮤직〉의 주연배우를 맡아 세계적 배우가 되었다. 원래 영화 제작비가 2000만 달러 정도였다고 하는데, 나중에 ABC TV가 1회에 1500만 달러를 지불했다고 하니 이 작품이 얼마나 크게 성공했는지를 알 수 있다. 1995년 60세의 나이로 〈빅터 빅토리아(Victor Victoria)〉의 주연을 맡으면서 다시 한 번 팬들의 마음을 사로잡지만, 무리한 공연 탓에 성대에 난 혹 수술을 한 후 세계를 사로잡은 그 목소리를 잃게 된다. 이후 아동문학에 관심을 가졌고, 2004년에는 〈슈렉 Ⅱ〉에서 '릴리언 왕비' 역할의 목소리 연기를 맡기도 했다.

It won't always be easy. Whatever you embrace, there will be moments of doubt, moments of darkness, moments of adversity. And when adversity strikes, well — I can offer you a little trick for that as well. Actually, it's not really mine. I used to know the great English author, T.H. White. Among other things, he wrote "The Once and Future King," four novels in one book that encompassed his adaptation of the Arthurian legends.

That vast tome became the base of the show "Camelot," in which I was fortunate enough to play the role of Queen Guinevere on Broadway. T.H. White's message — Tim's message — is one I carry with me wherever I go and I would love to share it with you today. In "The Sword in the Stone," which is the first book of this magnificent quartet, Merlin says the following about adversity to the young King Arthur.

He says, "The best thing for being sad is to learn something." That is the only thing that never fails. You may grow old and trembling in your anatomies, you may lie awake at night listening to the disorder of your veins, you may miss your only love, you may see the world about you devastated by evil lunatics, or know your honor trampled in the sewers of baser minds. There is only one thing for it then — to learn. Learn why the world wags and what wags it.

Check the Vocabulary

---

embrace 받아들이다 | **moments of doubt** 의심의 순간 | **adversity** 역경 | **encompass** 포함하다 | **tome** 큰 책, 학술서적 | **play the role of** ~의 역할을 하다 | **magnificent** 훌륭한

이는 항상 쉽지 않을 겁니다. 무엇을 받아들이든, 의심의 순간, 어둠의 순간 그리고 역경의 순간이 있을 겁니다. 그리고 역경이 닥쳤을 때, 음, 저는 또한 이를 위한 작은 방책을 제공할 수 있습니다. 사실, 이는 제 것이 아닙니다. 저는 위대한 영국의 작가 T. H. 화이트를 알곤 했습니다. 다른 것들 중에서, 그는 『The Once and Future King』 라는 책을 썼습니다. 아서왕의 전설을 개작한 것을 담았던 책 속의 네 가지 이야기이죠.

이 어마어마한 책은 쇼 〈카멜롯(Camelot)〉의 근간이 되는데, 거기서 저는 운이 좋게도 브로드웨이에 오른 귀네비어 여왕 역할을 맡게 됩니다. T.H. 화이트의 메시지 – 팀의 메시지는 제가 어디를 가든 지니고 다니는 것이며, 저는 오늘 여러분과 이것을 나누기를 소망합니다. 훌륭한 이 네 권의 책 중 첫 번째 책인『The Sword in the Stone』에서 멀린은 젊은 아서왕에게 닥친 역경에 대해서 다음과 같이 말합니다.

그는 "슬퍼함의 가장 좋은 점은 무언가를 배우는 것입니다."라고 말했습니다. 이것은 절대 실패하지 않은 유일한 것입니다. 여러분들은 나이가 들어 몸이 떨릴지도 모르고, 혈관에 문제가 생긴 것을 들으며 한밤 중에 잠이 깬 채 누워있을지도 모릅니다. 여러분들의 하나뿐인 사랑을 그리워할지도 모르고 사악한 미치광이들에 의해 황폐해진 세상을 볼지도 모르죠. 혹은 비열한 마음의 하수구에 짓밟힌 당신의 명예를 알게 될지도 모릅니다. 그러면, 이를 위한 단 한 가지 것만 존재합니다. 바로 배우는 것입니다. 왜 세계가 동요하며, 무엇이 이를 동요하게 하는지 배우십시오.

Check the Vocabulary

tremble 떨다 | anatomy 깡마른 몸 | vein 혈관 | devastate 황폐하게 하다 | lunatic 정신이상자 | trample 짓밟다 | base 근간, 저속한, 비열한 | wag 요동하다, 요동하게 하다

That is the only thing which the mind can never exhaust, never alienate, never be tortured by, never fear or distrust, and never dream of regretting. Now after four years of intense learning, this may be the last thing you want to hear today. But I am actually talking about becoming a life-long learner. When adversity hits, go out and learn something.

Adversity hit me big-time when I lost my ability to sing due to a botched throat operation. It was devastating for me to lose the very thing that had sustained me my entire life. I mean it was my identity. My daughter, Emma, and I had just begun writing a children's book together and I was having a particularly low moment one day, I was bemoaning my fate, and she said, "Mum you have simply found a new way of using your voice."

And honestly, suddenly the weight of sadness fell from my shoulders and I embraced this new learning experience wholeheartedly. Since then, we have written 30 books together for children of all ages, we packaged them whenever we can with music and visual delights — and several of them have since been, or are currently being, developed into projects for theater, filmed entertainment and symphony. Adversity paved the way for me to a new career that I never dreamed of.

Check the Vocabulary

alienate 소원케 하다 | **torture** 괴롭히다 | **distrust** 불신하다, 의심하다 | **intense learning** 집중학습 | **life-long** 평생의 | **adversity** 역경 | **big-time** 크게 | **botched** 어설픈

이것이 바로 절대 마음이 고갈되거나, 소원하거나, 괴롭힘을 당하거나 두렵거나 불신하거나 후회를 꿈꾸지 않은 유일한 것입니다. 4년간의 집중적인 학습 후, 이것은 오늘 당신이 듣게 되는 마지막 것일지 모릅니다. 그러나 저는 평생 지속되는, 배우는 사람이 되는 것에 대해서 이야기하는 것입니다. 역경이 닥칠 때, 나가서 무엇인가를 배우십시오.

저는 목 수술 실패로 인해서 노래를 하는 능력을 잃었을 때 큰 역경이 닥쳤습니다. 저의 삶 자체를 유지해 왔던 바로 그것을 잃었다는 것은 저에게 아주 충격적이었습니다. 이것은 저의 정체성이었으니까요. 저의 딸인 엠마와 저는 동화책을 함께 막 쓰기 시작했는데, 어느 날 특히나 침울한 순간을 보내면서 저의 운명을 한탄하고 있을 때, 딸아이가 말했습니다. "엄마, 엄마는 목소리를 사용할 수 있는 새로운 방법을 찾은 거야."

그리고 솔직하게 불현듯, 슬픔의 무게가 저의 어깨에서 떨쳐지고, 저는 이 새로운 배움을 전심으로 받아들였습니다. 그 이후, 우리는 함께 모든 나이의 아이들을 위한 동화책을 30권을 썼고, 할 수 있을 때마다, 음악과 시각적 즐거움을 주는 것과 함께 이것들을 포장했습니다. 이 중 여러 권이 연극, 영화 그리고 교향곡용 프로젝트로 계속 개발되고 있습니다. 역경은 제가 꿈에도 꾸지 못했던 새로운 직업의 길을 닦아 주었습니다.

Now that just happens to bring me to the last topic I'd love to share with you today, the thing I believe will enrich your lives beyond measure for evermore. And that is the arts. I suspect that you know something about that. Some of you will do profound things in the fields of science or medicine, some in the area of law or philosophy or government service, others in the area of technology or engineering and hopefully some of you will be in the arts that wonderful sandbox that I have had the joy and opportunity to play in most of my life.

But I am saying that wherever your path may take you, make the arts a meaningful part of your life in some way. Honestly, they are food for the soul. They revitalize us. They transport us, inspire us, shape us, humble us. They connect us worldwide in ways that nothing else can. They are the best common denominator for the proliferation of good in this world. They are the mirror with which we can view humanity and all of its complexities.

Check the Vocabulary

happen to 우연히 ~하다 | **enrich** 부유하게 하다, 풍요롭게 하다 | **beyond measure** 측정할 수 없는 | **for evermore** 영원히 | **profound** 심오한, 의미심장한 | **path** 길 | **take** (~로) 데려가다

이제, 이는 우연찮게도 제가 오늘 여러분과 나누고 싶은 마지막 주제를 열어 주네요. 이것은 영원히 측량할 수 없을 정도로 여러분의 삶을 풍요롭게 만들어 줄 것임을 믿습니다. 바로 예술입니다. 여러분은 이것에 대해 무엇인가를 알고 있다고 생각합니다. 여러분 누군가는 과학 또는 의학 분야에서 의미심장한 일을 할 것입니다. 어떤 이는 법 또는 철학 그리고 정부기관을 통해서 하겠지요. 다른 이들은 기술 또는 공학에서 할 것입니다. 그리고 어떤 이들은 예술 분야인데, 저의 대부분의 삶을 사는 동안 기쁨과 즐거움을 누릴 수 있는 기회를 준 바로 그 멋진 모래상자입니다.

그러나 제가 말하려 하는 것은, 여러분이 택한 길이 여러분을 어디로 데려가든, 어떤 식으로든 예술을 의미 있는 삶의 일부분이 되도록 하십시오. 진심으로 이는 영혼의 양식입니다. 이것들은 우리에게 새로운 활력을 줍니다. 우리에게 기쁨을 주며, 영감을 불러일으켜 좀 더 나은 겸손한 사람이 되도록 해 줍니다. 다른 어떤 것도 할 수 없는 방식으로 우리를 전 세계적으로 연결시켜 줍니다. 이들은 이 세상에서 선을 전파하기 위한 최고의 공통요소입니다. 이것들은 우리가 인류와 그 속의 모든 복잡한 현상을 볼 수 있도록 해 주는 거울인 것입니다.

Check the Vocabulary

revitalize 활력(생명력)을 주다 | **transport** 수송하다, 황홀하게 하다 | **common denominator** 공통요소, 공통분모 | **proliferation** 확산 | **complexity** 복잡성, 복잡한 것

SPEECH

06

Ellen DeGeneres's Tulane University Commencement Speech

엘렌 드제너러스의 툴레인 대학교 졸업식 연설

2009년 5월 11일, 툴레인 대학교

엘렌 드제너러스

엘렌 드제너러스는 미국 TV에서 뛰어난 활약을 보여 준 작품과 인물들에게 주어지는 상인 에미상(Emmy Awards)를 수상한 코미디언, 텔레비전 진행자, 〈엘렌 드제너러스 쇼(Ellen: The Ellen DeGeneres Show)〉의 진행자이다. 대학 때 의사소통학과에 들어가지만 1년 후 자퇴를 하고, 다양한 직업을 경험했다. 스탠드업 코미디를 하면서 차차 이름을 알리게 되고 1981년에는 〈Clyde's Comedy Club〉의 사회자가 되었다. 2001년 CBS에 〈엘렌 쇼〉를 시작했는데, 평이 좋지 못하면서 취소가 되지만, 2003년 〈엘렌 드제너러스 쇼〉를 다시 선보여 상업적 성공과 함께 시청자로부터 찬사를 받으며 15개 부분의 에미상을 수상했다. 레즈비언으로 자신의 쇼에서 결혼식 내용을 공개적으로 밝힌 바 있다. 자신의 쇼를 통해 사회적 문제가 되는 동성애에 대한 인식 개선을 위해 노력하고 있다.

Follow your passion, stay true to yourself. Never follow anyone else's path, unless you're in the woods and you're lost and you see a path, and by all means you should follow that.

But my idea of success is different today. And as you grow, you'll realize the definition of success changes. For many of you, today, success is being able to hold down 20 shots of tequila. For me, the most important thing in your life is to live your life with integrity, and not to give into peer pressure, to try to be something that you're not.

To live your life as an honest and compassionate person, to contribute in some way. So to conclude my conclusion: follow your passion, stay true to yourself. Never follow anyone else's path, unless you're in the woods and you're lost and you see a path, and by all means you should follow that. Don't give advice, it will come back and bite you in the ass. Don't take anyone's advice. So my advice to you is to be true to yourself and everything will be fine.

Check the Vocabulary

realize 깨닫다, 실현하다 | hold down 참아내다 | integrity 진실성 | peer pressure 동료집단의 압력 | something that you're not 자신이 아닌 것 | compassionate 자비로운, 동정심이 많은

당신의 열정을 따르십시오. 스스로에게 솔직하세요. 숲에서 길을 잃어도 다른 사람의 길을 따라가지 않는다면 길을 찾게될겁니다. 무슨 수를 써서라도 그 길을 따라가야합니다.

그러나 제가 생각하는 성공의 개념은 요즘 다릅니다. 나이가 들어 가면서, 성공의 정의가 달라진다는 것을 깨닫게 되죠. 오늘날 여러분 중 많은 사람들에게 성공이란 테킬라 20잔을 이겨낼 수 있는 능력이죠. 저의 경우, 삶에서 가장 중요한 것은 진실하게 삶을 살아가는 것이며, 자신이 아닌 누군가가 되려고 노력하지 않는, 동료집단으로부터의 사회적 압력에 굴하지 않는 것입니다.

정직하고 자비로운 사람으로 삶을 살아가는 것. 특정 방식으로 (사회에) 공헌하는 것. 그래서 결론을 내리자면, 자신의 열정을 따르세요. 자신에게 솔직하세요. 숲에서 길을 잃지 않는 한 다른 사람의 길을 절대 따르지 않으며, 길을 보게 됩니다. 반드시 이 길을 따라가십시오. 충고하려고 하지 마십시오. 이는 본인에게 돌아와 발목을 잡을 겁니다. 어느 누구의 충고도 받아들이지 마세요. 그러므로 여러분에게 드리는 저의 충고는 자신에게 솔직하면 모든 것이 형통하게 된다는 것입니다.

06-02

And I know that a lot of you are concerned about your future, but there's no need to worry. The economy is booming, the job market is wide open, the planet is just fine. It's gonna be great. You've already survived a hurricane. What else can happen to you? And as I mentioned before, some of the most devastating things that happen to you will teach you the most. And now you know the right questions to ask for your first job interview. Like, "Is it above sea level?"

So to conclude my conclusion that I've previously concluded, in the commencement speech, I guess what I'm trying to say is life is like one big Mardi Gras. But instead of showing your boobs, show people your brain, and if they like what they see, you'll have more beads than you know what to do with. And you'll be drunk, most of the time. So the Katrina class of 2009, I say congratulations and if you don't remember a thing I said today, remember this: you're gonna be ok, dum de dum dum dum, just dance.

Check the Vocabulary

be concerned about ~에 대해 걱정하다 | **boom** 경기가 호전되다 | **survive** (~을) 이겨내다, 살아남다 | **as I mentioned before** 제가 이전에 언급한 바와 같이 | **devastating** 파괴적인, 충격적인

그리고 여러분 중 많은 분들이 미래에 대해서 걱정하고 있다는 것을 알고 있습니다. 하지만 걱정할 필요가 없습니다. 경제가 살아나고, 구직시장은 활짝 열려 있습니다. 세상은 괜찮습니다. 좋을 것입니다. 여러분은 이미 허리케인과 같은 시련에서 살아남 았습니다. 다른 어떤 것이 일어날 수 있겠습니까? 그리고 제가 이미 언급했듯이, 여 러분에게 일어날 수 있는 가장 힘든 것들이 오히려 여러분에게 가장 많은 것을 가르 쳐 줄 것입니다. 그리고 여러분은 첫 번째 구직 인터뷰에서 할 적절한 질문을 알고 있 습니다. "해수면 위에 있나요?" (앞서 언급한 허리케인에 침수되지 않았느냐의 의미 인 동사에 under water는 기업이 부도 상태임을 '침수하다'로 비유하는 표현이므로 이 를 반대로 재치 있게 표현한 내용이다.)

고로, 이 졸업식 연설에서 제가 이미 결론에 도달한 저의 결론을 말씀드리고 싶습니 다. 제가 말하고 싶은 것은, 삶은 거대한 축제 같다는 것입니다. 그러나 여러분의 가 슴을 보여 주기보단, 사람들에게 당신의 두뇌를 보여 주세요. 만약 이들이 자신이 본 것을 좋아한다면, 여러분은 이것을 가지고 할 수 있는 것을 아는 것보다 더 많은 구슬 을 가지게 될 것입니다. 여러분은 대부분의 시간을 그것에 열광할 것입니다. 2009년 카트리나 졸업생 여러분, 축하드립니다. 그리고 만약 제가 오늘 전한 말을 하나도 기 억하지 못한다 해도, 이것만은 기억하십시오. 여러분은 괜찮을 것입니다. 그냥 기쁨 에 춤을 추세요.

Check the Vocabulary

previously 이전에 | **commencement** 졸업식, 학위수여식 | **Mardi Gras** 사순절 시작 전날 사육제, 세 계 동성애자들의 축제 | **boob** 가슴 | **brain** 지혜, 머리

SPEECH

07

Barbara Kingsolver's Duke University Commencement Speech

바버라 킹솔버의 듀크 대학교 졸업식 연설

2008년 5월 11일, 듀크 대학교

바버라 킹솔버

『포이즌우드 바이블(The Poisonwood Bible)』로 유명한 소설가이자 사회운동가인 바버라 킹솔버는 피아노 전공에서 생물학으로 전향한 독특한 이력을 가진 작가이다. 대학원 재학 중 과학저널에 글 투고를 시작으로 그녀의 첫 번째 소설인 『Been Trees』를 1988년에 출판했다. 『포이즌우드 바이블』은 퓰리처 상 후보에 이름을 올렸다. 2000년에는 빌 클린턴 대통령으로부터 국가 인문학 메달(National Humanities Medal)을 받았다.

시골 농장에서 성장하다, 일곱 살 때 의사인 아버지를 따라 콩고공화국에서 어린 시절을 보낸다. 미국으로 돌아와 드포 대학에서 수학하면서 캠퍼스 내에서 베트남 전쟁에 반대하는 사회운동에 관여했다. 졸업 후 프랑스, 그리스 그리고 영국에서 지내면서 편집 교열, 고고학자 보조, X-레이 기사, 집청소부, 생물학 조사원, 의학서류 번역 등 다채로운 직업을 경험했다. 이후 다시 미국으로 돌아와 진화 생물학 대학원 과정을 이수하고, 과학 저술가로 활약하다 프리랜서로 본격적인 저널리스트의 길을 걷기 시작했다.

The wisdom of each generation is necessarily new. This tends to dawn on us in revelatory embarassing moments, brought to us by our children. For example: I have two children. The younger does not go to Duke, for only one reason, hm because she's 11. She might be ready next year. We will see. Every morning, she and I walk down the little lane from our farm to the place where she meets the school bus. It's the best part of my day. We have great conversations. But a few weeks ago as we stood waiting in the dawn's early light, Lily was I noticed with kina just looking me over quietly, and finally she said: "Mom, just so you know, the only reason I'm letting you wear that outfit is because of your age." The alleged outfit will not be discussed further here; whatever you're imagining will perfectly suffice. Especially if you're picturing "Project Runway" meets "Working with Livestock." Now, I believe parents should uphold respect for adult authority, so I did what I had to do. I hid behind the barn when the bus came.

Check the Vocabulary

dawn on ~에게 떠오르다, 생각나다 | **revelatory** 계시의 | **outfit** 옷 | **alleged** 진술된, 주장된 |
suffice 충분하다 | **Project Runway** 패션디자이너를 뽑는 리얼리티쇼 | **uphold** 지키다, 유지하다

각 세대의 지혜는 필연적으로 새롭습니다. 이것은 우리 아이들이 우리에게 가져다주는 부끄러운 계시적 순간에 우리에게 떠오르는 경향이 있습니다. 예를 들어, 저는 두 아이가 있습니다. 둘째 아이는 단지 한 가지 이유로 듀크에 다니지 않죠. 음, 11살이니까요. 내년에는 준비가 될지도 모르겠네요. 어디 한번 지켜봅시다. 매일 아침, 딸과 저는 농장에서 아이가 학교버스를 타는 장소까지 길을 따라 걷습니다. 하루 중 가장 행복한 때입니다. 저희는 즐거운 대화를 나눕니다. 그런데 몇 주 전 저희가 새벽의 이른 햇살을 맞으며 버스를 기다리고 서 있는 동안 릴리가 조용히 저를 쳐다보는 것을 알아차렸습니다. 릴리는 마침내 입을 떼었습니다. "엄마, 알겠지만 엄마가 그 옷을 입게 제가 놔 두는 것은 엄마 나이 때문이에요." 언급된 옷은 더 이상 여기서 설명하진 않겠습니다. 여러분이 무엇을 생각하시든 진정 충분할 겁니다. 특히 '프로젝트 런웨이'가 '가축을 돌보는 일'과 함께 만났다고 생각을 한다면 말입니다. 그래서 부모는 자신의 권위에 대한 존중을 유지시켜 주어야 한다고 믿기에, 저는 제가 해야 할 일을 했습니다. 버스가 왔을 때 마구간 뒤에 숨었습니다.

Check the Vocabulary

authority 권위 | **barn** 마구간

And then I walked back up the lane in my fly regalia, contemplating this new equation: "Because of your age." It's okay now to deck out and turn up as the village idiot. Hooray! I am old enough. How does this happen? Over a certain age, do you become invisible? There is some evidence for this in movies and television. But mainly, I think, you're not expected to know the rules. Everyone knows you're operating on software that has not been updated for a good while.

The world shifts under our feet. The rules change. Not the Bill of Rights, or the rules of tenting, but the big unspoken truths of a generation. Exhaled by culture, taken in like oxygen, we hold these truths to be self-evident: You get what you pay for. Success is everything. Work is what you do for money, and that's what counts. How could it be otherwise? And the converse of that last rule, of course, is that if you're not paid to do a thing, it can't be very important.

Check the Vocabulary

fly 멋진 | **regalia** 의복, 유행 복장 | **deck out** 꾸미다 | **turn up** 나타나다 | **invisible** 보이지 않는 | **operate** 작동하다, 운영되다 | **for a good while** 한참 동안 | **shift** 변하다 | **under feet** 발아래서

그런 다음 저는 멋진 왕의 의복을 입고 다시 되돌아 길을 걸어가면서 이 새로운 공식을 잘 생각해 보았습니다. '나이 때문에.' 이제 시골 얼간이처럼 꾸미고 사람들 앞에서도 괜찮다는 것입니다. 만세! 저는 충분히 나이가 많거든요. 어떻게 이렇게 되었냐고요? 특정 나이를 넘어서면, 투명인간이 되는 걸까요? 영화와 TV에서 이에 대한 증거는 상당히 많죠. 그러나 제가 생각하기에 여러분 대부분은 이 법칙을 알 것이라고 기대되지 않습니다. 당신이 한참 동안 업데이트되지 않은 소프트웨어를 바탕으로 작동하고 있다는 것을 모두가 알기 때문이죠.

세상은 우리 발 아래서 변화합니다. 규칙도 변하지요. 권리장전이나 텐트를 치는 방법은 변하지 않습니다. 하지만 한 세대의 중요한 암묵적인 진리는 변화합니다. 문화에 의해서 방출되고, 산소같이 받아들여지면서 우리는 이러한 진리를 자명한 것이라 주장합니다. 우리는 대가를 지불한 만큼 얻게 됩니다. 성공은 모든 것입니다. 돈을 벌기 위해서 사람들은 노동을 하고, 그게 중요한 것입니다. 어떻게 다를 수 있겠습니까? 그리고 물론 이 마지막 규칙의 반대는, 특정한 일에 대한 대가가 지불되지 않는다면 그것은 그렇게 중요하지 않다는 것입니다.

unspoken 암묵적인 | **self-evident** 자명한 | **what you pay for** 당신이 대가를 지불한 것 | **count** 중요하다 | **converse** 반대

If a child writes a poem and proudly reads it, adults may wink and ask, "Think there's a lot of money in that?" You may also hear this when you declare a major in English. Being a good neighbor, raising children: the road to success is not paved with the likes of these. Some workplaces actually quantify your likelihood of being distracted by family or volunteerism. It's called your coefficient of Drag. The ideal number is zero. That is the Rule of Perfect Efficiency.

Now, the rule of "Success" has traditionally meant having boatloads of money. But we are not really supposed to put it in a boat. A house would be the customary thing. Ideally it should be large, with a lot of bathrooms and so forth, but no more than four people. If two friends come over during approved visiting hours, the two children have to leave. The bathroom-to-resident ratio must remain at all times greater than one.

Check the Vocabulary

declare 선언하다 | **pave** 길을 닦다 | **workplace** 직장 | **quantify** 수치화하다 | **likelihood** 가능성 | **distract** 분산시키다 | **boatloads of money** 배에 가득 찰 정도의 돈 | **ratio** 비율

어떤 아이가 시를 쓰고, 자랑스럽게 그걸 읽습니다. 그러면 어른들은 윙크를 하며 물어봅니다. "시를 써서 돈을 벌 수 있다고 생각하니?" 여러분은 영어를 전공한다고 말할 때도 이런 말을 들을지 모릅니다. 좋은 이웃이 되는 것, 아이를 기르는 것. 성공으로 가는 길은 이런 종류의 것으로 포장되지 않습니다. 어떤 직장에선 실제로 가족 또는 봉사활동 때문에 집중력이 분산될 가능성을 수치화합니다. 이는 항력계수(coefficient of drag)라 불립니다. 이상적 수치는 0입니다. 이것은 100% 효율성의 법칙이죠.

자, '성공'의 법칙은 전통적으로 배에 가득 찰 정도의 돈을 버는 것을 의미했습니다. 그러나 우리는 실제로 돈을 배에 담아서는 안 됩니다. 집이란 관습적 대상이죠. 이상적인 집은 크고 많은 화장실이 달려 있는데, 4명 이상은 안 되죠(화장실이 네 개 이상은 아니라는 뜻). 만약 두 친구가 초대된 방문시간에 온다면, 두 아이는 나가야 합니다. 화장실과 거주민 비율은 항상 한 명보다는 많아야 합니다.

Check the Vocabulary

I'm not making this up, I'm just observing, it's more or less my profession. As Yogi Berra told us, you can observe a lot just by watching. I see our dream-houses standing alone, the idealized life taking place in a kind of bubble. So of course you need another bubble, with rubber tires, to convey yourself to places you must visit, such as an office. If you're successful, it will be a large, empty-ish office you don't have to share. If you need anything, you can get it delivered. Play your cards right and you may never have to come face to face with another person. This is the Rule of Escalating Isolation.

Check the Vocabulary

make something up 무엇인가를 지어내다 | **bubble** 거품, (미. 비격식) 자동차, (영) 투명한 반구형 돔을 가진 소형 자동차 | **come face to face with** ~와 정면으로 직면하다 | **isolation** 고립

저는 말을 지어내는 것이 아니라 단지 관측할 뿐입니다. 이게 제 직업이죠. 요기 베라가 우리에게 말한 것같이 여러분은 유심히 바라보기만 해도 많은 것을 관측할 수 있습니다. 저는 우리가 꿈꾸는 집과 일종의 자동차에서 벌어지는 이상적인 삶을 봅니다. 물론, 우리는 일종의 거품과 같은 것 안에서 발생하는 이상적인 삶과 같은 홀로 서 있는 꿈과 같은 집들을 봅니다. 물론, 여러분은 또한 사무실처럼 여러분이 방문해야 하는 장소로 이송해 줄 또 다른 거품인 고무바퀴가 달린 자동차가 필요합니다. 만약 여러분이 성공한다면, 이는 여러분이 다른 사람과 공유하지 않아도 되는 크고 텅빈 사무실이 될 것입니다. 만약 어떤 것이 필요하다면, 이것을 배달시킬 수 있죠. 일처리를 잘하면 여러분은 다른 사람과 절대 얼굴을 맞댈 필요도 없게 될 수도 있죠. 이것이 바로 점점 증가하는 '고립의 법칙'입니다.

Check the Vocabulary

SPEECH

08

Oprah Winfrey's Speech on 50th Anniversary of March on Washington

오프라 윈프리의 워싱턴 행진운동 50주년 연설

2013년 8월 28일, 링컨 기념관

오프라 윈프리

엄격한 아버지 밑에서 어린시절을 보냈던 오프라는 성폭행을 당하고 힘든 시절을 보냈다. 대학을 졸업하고, 저널리즘과 미디어에 관심을 가지면서 한 지방 방송국에서 뉴스 앵커로 사회생활을 시작했다. 독자들의 마음을 끌어당기는 감성적 진행에 좀 더 소질을 보였기에 뉴스 프로그램을 접고 낮 시간에 방영되는 토크 쇼 프로그램으로 전향했는데, 많은 인기를 얻으면서 자신의 이름을 딴 〈오프라 윈프리 쇼〉가 탄생하게 되었다. 가장 많은 사람들이 시청한 TV프로그램의 하나로 게이와 레즈비언에 대한 사회·문화적 벽을 깨는 데 일조했으며, 무엇보다 여성들에게 가장 영향력 있는 롤 모델로 칭송을 받았다. 아래는 〈오 매거진(O Magazine)〉에 실린 글의 일부분이다.

"어린 시절부터 익힌 귀중한 삶의 교훈은 바로 나는 내 삶에 책임을 져야 한다는 점이다. 좀 더 영적인 사람이 되면서, 우리 모두가 자신의 삶에 책임이 있으며, 생각하고 그로 인해 행동하는 방식에 따라 스스로의 삶을 창조한다는 점을 배웠다. 인종차별, 부모, 환경을 탓할 수 없다. 왜냐하면 환경으로 인해 현재의 당신이 된 것이 아니라, 바로 스스로의 책임감이 현재의 당신이기 때문이다. 이를 안다면, 무엇이든 할 수 있다."

On this date, in this place, at this time, 50 years ago today, Dr. Martin Luther King shared his dream for America with America. Dr. King was the passionate voice that awakened the conscience of a nation and inspired people all over the world. The power of his words resonated because they were spoken out of an unwavering belief in freedom and justice, equality and opportunity for all. "Let Freedom Ring" was Dr. King's closing call for a better and more just America.

So today, people from all walks of life will gather at 3 P.M. for bell-ringing events across our great country and around the world as we reaffirm our commitment to Dr. King's ideals. Dr. King believed that our destinies are all intertwined, and he knew that our hopes and our dreams are really all the same. He challenged us to see how we all are more alike than we are different.

So as the bells of freedom ring today, we're hoping that it's a time for all of us to reflect on not only the progress that has been made — and we've made a lot — but on what we have accomplished and also on the work that still remains before us. It's an opportunity today to recall where we once were in this nation and to think about that young man, who, at 34 years old, stood up here and was able to force an entire country to wake up, to look at itself and to eventually change.

Check the Vocabulary

voice 대변자 | conscience 의식 | inspire 영감을 주다 | resonate 울리다 | unwavering 흔들리지 않는 | call for 요구하다, 부르짖다 | all walks of life 다양한 직업군의 삶

50년 전 오늘, 이 장소, 이 시간에 마틴 루터 킹 박사는 미국과 함께하는 자신의 아메리칸 드림을 나눴습니다. 킹 박사는 한 나라의 의식을 깨우치고, 전 세계 사람들에게 영감을 준 열정적인 대변자였습니다. 그의 말로 전달되는 영향력이 울려 퍼지는 이유는 이것이 자유와 정의, 모든 사람을 위한 평등과 기회라는 흔들리지 않는 믿음에서 발언된 것이기 때문입니다. '자유여 울려 퍼져라'는 킹 박사가 더 나은, 그리고 더 정의로운 미국을 위해 부르짖은 (연설을 마치는) 마지막 끝맺음의 외침이었습니다.

그리고 오늘날, 다양한 직업군의 사람들은 킹 박사의 이상을 실천할 의무를 재차 단언하면서, 위대한 이 나라 전역과 전 세계적으로 타종 이벤트를 위해 3시에 모입니다. 킹 박사는 우리의 운명이 모두 연결되어 있다고 믿었으며, 우리의 희망과 꿈이 실질적으로 모두 같다는 것을 알았습니다. 그는 우리가 서로 다르다는 것보다 얼마나 더 유사한지를 볼 수 있도록 우리를 자극했습니다.

그래서 오늘 자유의 종이 울릴 때, 우리는 이 시간이 우리 모두가 지금까지 이룬 – 그리고 많이 이룬 – 진보뿐 아니라 우리가 성취한 것과 또한 여전히 우리 앞에 놓여 있는 (해결해야 할) 일들에 대해 생각해 보는 시간이 되기를 희망합니다. 오늘은, 우리가 한때 이 나라에서 어디에 있었는지 회상하고, 34살의 나이에 여기에 서서 한 나라의 전체를 깨우고, 자신을 바라보게 하고, 결과적으로 변화하도록 만들었던 한 사람에 대해서 생각하는 기회입니다.

And as we, the people, continue to honor the dream of a man and a movement, a man who in his short life saw suffering and injustice and refused to look the other way, we can be inspired and we, too, can be courageous by continuing to walk in the footsteps in the path that he forged. He is the one who reminded us that we will never walk alone. He was, after all, a drum major for justice.

So as the bells toll today, let us reflect on the bravery, let us reflect on the sacrifice of those who stood up for freedom, who stood up for us, whose shoulders we now stand on. And as the bells toll today at 3:00, let us ask ourselves: How will the dream live on in me, in you, in all of us? As the bells toll, let us remind ourselves: "Injustice anywhere is a threat to justice everywhere." As the bells toll, we commit to a life of service because Dr. King, one of my favorite quotes from him is, "Not everybody can be famous, but everybody can be great because greatness is determined by service."

So we ask ourselves, what are we doing for others to lift others up? And as the bells toll, we must recommit to let the love that abides and connects each of us to shine through and let freedom ring.

Check the Vocabulary

honor 존중하다, 경의를 표하다 | **suffering and injustice** 고통과 불의 | **look the other way** 다른 곳을 보다(못 본 척하다) | **forge** 일구다 | **drum major** 군악대장 | **toll** 울리다 | **sacrifice** 희생

그리고 국민으로서 우리는 지속적으로 짧은 생애 동안 고통과 불의를 보고, 이를 못 본 체 넘기지 않은 한 사람의 꿈과 운동에 경의를 표하며, 우리 또한 그가 일구어 나 갔던 길의 발자취를 계속해서 걸음으로써 용기를 낼 수 있습니다. 그는 우리가 절대 홀로 걷지 않음을 상기시켜 준 사람입니다. 결국 그는 정의의 군악대장이었습니다.

그러므로 오늘 종이 울리면, 우리는 그 용맹과 현재 우리가 의존해 서 있는 어깨(지지 대)를 제공해 준, 우리를 위해 자유를 옹호하며 싸웠던 그들의 희생을 반추해 봅시다. 그리고 오늘 3시에 그 종이 울릴 때, 그 꿈이 내 속에, 우리 속에, 모두의 마음속에 어 떻게 계속 존속할 것인가를 숙고합시다. 종이 울릴 때 '어디에 존재하든 불의는 모든 곳의 정의를 위협한다'는 것을 상기합시다. 종이 울릴 때, 우리는 봉사의 삶에 헌신 합시다. 제가 가장 좋아하는 그의 말 중 하나로 킹 박사는 "모든 사람이 유명할 수 없 다. 하지만 위대함은 봉사에 의해서 판단되기에 모든 사람은 위대할 수 있다."고 말 했습니다.

그러므로 우리는 자문합니다. 다른 사람을 높이기 위해 우리는 무엇을 하고 있습니 까? 그리고 종이 울리면 우리 각자를 서로 결속시키는 사랑이 발하고, 자유가 울려 퍼질 수 있도록 다시 맹세해야 합니다.

SPEECH

09

Oprah Winfrey's Harvard University Commencement Speech

오프라 윈프리의 하버드 대학교 졸업식 연설

2013년 5월 30일, 하버드 대학교

오프라 윈프리

엄격한 아버지 밑에서 어린시절을 보냈던 오프라는 성폭행을 당하고 힘든 시절을 보냈다. 대학을 졸업하고, 저널리즘과 미디어에 관심을 가지면서 한 지방 방송국에서 뉴스 앵커로 사회생활을 시작했다. 독자들의 마음을 끌어당기는 감성적 진행에 좀 더 소질을 보였기에 뉴스 프로그램을 접고 낮 시간에 방영되는 토크 쇼 프로그램으로 전향했는데, 많은 인기를 얻으면서 자신의 이름을 딴 〈오프라 윈프리 쇼〉가 탄생하게 되었다. 가장 많은 사람들이 시정한 TV프로그램의 하나로 게이와 레즈비언에 대한 사회·문화적 벽을 깨는 데 일조했으며, 무엇보다 여성들에게 가장 영향력 있는 롤모델로 칭송을 받았다. 아래는 〈오 매거진(O Magazine)〉에 실린 글의 일부분이다.

"어린 시절부터 익힌 귀중한 삶의 교훈은 바로 나는 내 삶에 책임을 져야 한다는 점이다. 좀 더 영적인 사람이 되면서, 우리 모두가 자신의 삶에 책임이 있으며, 생각하고 그로 인해 행동하는 방식에 따라 스스로의 삶을 창조한다는 점을 배웠다. 인종차별, 부모, 환경을 탓할 수 없다. 왜냐하면 환경으로 인해 현재의 당신이 된 것이 아니라, 바로 스스로의 책임감이 현재의 당신이기 때문이다. 이를 안다면, 무엇이든 할 수 있다."

09-01

This is what I want to share. It doesn't matter how far you might rise. At some point you are bound to stumble because if you're constantly doing what we do, raising the bar. If you're constantly pushing yourself higher, higher the law of averages not to mention the Myth of Icarus predicts that you will at some point fall. And when you do I want you to know this, remember this: there is no such thing as failure.

Failure is just life trying to move us in another direction. Now when you're down there in the hole, it looks like failure. So this past year I had to spoon feed those words to myself. And when you're down in the hole, when that moment comes, it's really okay to feel bad for a little while. Give yourself time to mourn what you think you may have lost but then here's the key, learn from every mistake because every experience, encounter, and particularly your mistakes are there to teach you and force you into being more who you are. And then figure out what is the next right move. And the key to life is to develop an internal moral, emotional GPS that can tell you which way to go. Because now and forever more when you Google yourself your search results will read "Harvard, 2013."

이것이 바로 제가 나누고자 원하는 것입니다. 여러분이 얼마나 출세할 수 있는지는 문제가 되지 않습니다. 어느 시점에서 여러분은 넘어지게 되어 있습니다. 이는 여러분이 우리가 하는, 즉 기준을 올리는 일을 지속적으로 한다면 그럴 수밖에 없습니다. 만약 여러분이 더 높이 자신을 지속적으로 밀어붙인다면, 이카루스의 신화를 언급할 것도 없이 일반적 법칙에 따르면 여러분은 어느 시점에 실패할 가능성이 더 높아진다는 것을 예측할 수 있습니다. 그리고 여러분이 실패하게 될 때, 이것을 알고 기억했으면 합니다. 실패 같은 것은 없다는 것입니다.

실패는 단지 우리를 다른 방향으로 이끌어 주는 삶일 뿐입니다. 여러분이 구렁의 저 밑바닥에 있을 때에 이는 실패처럼 보입니다. 그리고 지난해 저는 이러한 말을 제 자신에게 곱씹어 주입시켜야 했습니다. 그리고 여러분이 구렁의 저 밑바닥에 있을 때, 이 순간이 발생할 때, 잠시 동안은 마음이 편치 않는 것은 실제로 괜찮습니다. 여러분이 잃었을지 모른다고 생각하는 것을 위해 슬퍼할 시간을 자신에게 허락하세요. 하지만 핵심은 이것입니다. 모든 실수로부터 배우십시오. 모든 경험, 만남 그리고 특히 실수가 거기 있는 이유는 바로 여러분을 가르치고, 더욱 자기 자신이 되도록 만들어 주기 때문입니다. 그리고 그런 다음에 취해야 할 올바른 행동이 무엇인지 생각하십시오. 그리고 삶의 핵심은 여러분이 어디로 가야 할지를 말해 주는 내적 도덕성과 정서적 GPS를 개발하는 것입니다. 왜냐하면 앞으로 여러분이 자신을 구글에서 찾으면, 여러분이 얻게 되는 결과에는 '하버드, 2013'이라고 쓰여 있을 것이기 때문입니다.

09-02

And in a very competitive world that really is a calling card because I can tell you as one who employs a lot of people when I see "Harvard" I sit up a little straighter and say, "Where is he or she? Bring them in." It's an impressive calling card that can lead to even more impressive bullets in the years ahead: lawyer, senator, CEO, scientist, physicist, winners of Nobel and Pulitzer Prizes or late night talk show host. But the challenge of life I have found is to build a résumé that doesn't simply tell a story about what you want to be but it's a story about who you want to be. It's a résumé that doesn't just tell a story about what you want to accomplish but why.

Check the Vocabulary

competitive 경쟁이 치열한 | **calling card** 명함 | **sit up** 똑바로 앉다 | **lead to** ~의 결과를 가져오다 | **bullet** 총알, 무기 | **accomplish** 성취하다

그리고 아주 치열한 경쟁의 세상에서 이것은 정말 훌륭한 명함이 됩니다. 왜냐하면 많은 사람들을 고용하는 사람으로서 저는 여러분에게 말할 수 있습니다. 제가 하버드라는 이름을 보면, 자세를 바르게 앉고, "그 또는 그녀가 어디에 있나요? 들여보내세요."라고 말하죠. 이는 아주 인상적인 명함이고, 다가오는 몇 년 후에는 더욱 인상적인 무기로 이어집니다. 변호사, 상원 의원, CEO, 과학자, 물리학자, 노벨상과 퓰리처상 수상자 또는 늦은 밤 토크쇼 진행자와 같은 사람이지요. 그러나 제가 발견한 삶의 도전은 여러분이 무엇이 되기를 원하는지에 관한 이야기가 아니라, 어떤 사람이 되기를 원하는지에 관한 이야기를 들려주는 이력서를 만드는 것입니다. 그것은, 여러분이 무엇을 성취하기 원하는지에 관한 이야기를 전달해 주는 이야기가 아니라 여러분들이 왜 그것을 성취하기 원하는지를 들려주는 이력서인 것입니다.

A story that's not just a collection of titles and positions but a story that's really about your purpose. Because when you inevitably stumble and find yourself stuck in a hole, that is the story that will get you out. What is your true calling? What is your dharma? What is your purpose? For me that discovery came in 1994 when I interviewed a little girl who had decided to collect pocket change in order to help other people in need. She raised a thousand dollars all by herself and I thought, well if that little 9-year-old girl with a bucket and big heart could do that, I wonder what I could do? So I asked for our viewers to take up their own change collection and in one month, just from pennies and nickels and dimes, we raised more than three million dollars that we used to send one student from every state in the United States to college. That was the beginning of the Angel Network.

Check the Vocabulary

title 직함 | **position** 직위 | **inevitably** 불가피하게 | **stumble** 비틀거리다, 실패하다 | **stuck in a hole** 곤경에 빠진 | **calling** 소명 | **dharma** (우주 · 사람 등의) 본체, 본성 | **pocket change** 잔돈

단지 직함과 직위를 모아 놓은 이야기가 아니라 여러분의 삶의 목적에 대한 이야기죠. 왜냐하면 여러분이 불가피하게 실패를 하여 자신이 곤경에 빠지게 되었을 때, 여러분을 꺼내 줄 것은 바로 이 이야기이기 때문입니다. 여러분의 진정한 소명은 무엇인가요? 자기 본래의 모습이 무엇인가요? 여러분의 목적은 무엇인가요? 저의 경우, 1994년 곤궁에 빠진 다른 이들을 돕기 위해 잔돈을 모으기로 작정한 한 작은 여자아이를 인터뷰할 때 이것을 발견했습니다. 그녀는 혼자서 천 달러를 모았고, 저는 생각했습니다. 만약 통 하나와 따뜻한 마음을 가진 9살배기 여자아이가 이것을 할 수 있다면, 나는 무엇을 할 수 있을까 하고요. 그래서 저는 시청자들에게 잔돈을 모아 달라고 요청하고 한 달 후, 1센트, 5센트 그리고 10센트만으로 우리는 3백만 달러 이상을 모금하고, 미국 각 주마다 한 학생을 대학에 보내고 있습니다. 이것이 바로 앤젤 네트워크(Angel Network)의 시작이었던 거죠.

Check the Vocabulary

people in need 곤궁에 빠진 사람들 | **all by oneself** 스스로 | **take up** 시작하다, 착수하다 | **penny** 1센트 | **nickel** 5센트 | **dime** 10센트 cf. **quarter** 25센트

SPEECH

10

Oprah Winfrey's Howard University Commencement Speech

오프라 윈프리의 하워드 대학교 졸업식 연설

2007년 5월 12일, 하워드 대학교

오프라 윈프리

엄격한 아버지 밑에서 어린시절을 보냈던 오프라는 성폭행을 당하고 힘든 시절을 보냈다. 대학을 졸업하고, 저널리즘과 미디어에 관심을 가지면서 한 지방 방송국에서 뉴스 앵커로 사회생활을 시작했다. 독자들의 마음을 끌어당기는 감성적 진행에 좀 더 소질을 보였기에 뉴스 프로그램을 접고 낮 시간에 방영되는 토크 쇼 프로그램으로 전향했는데, 많은 인기를 얻으면서 자신의 이름을 딴 〈오프라 윈프리 쇼〉가 탄생하게 되었다. 가장 많은 사람들이 시청한 TV프로그램의 하나로 게이와 레즈비언에 대한 사회·문화적 벽을 깨는 데 일조했으며, 무엇보다 여성들에게 가장 영향력 있는 롤 모델로 칭송을 받았다. 아래는 〈오 매거진(O Magazine)〉에 실린 글의 일부분이다.

"어린 시절부터 익힌 귀중한 삶의 교훈은 바로 나는 내 삶에 책임을 져야 한다는 점이다. 좀 더 영적인 사람이 되면서, 우리 모두가 자신의 삶에 책임이 있으며, 생각하고 그로 인해 행동하는 방식에 따라 스스로의 삶을 창조한다는 점을 배웠다. 인종차별, 부모, 환경을 탓할 수 없다. 왜냐하면 환경으로 인해 현재의 당신이 된 것이 아니라, 바로 스스로의 책임감이 현재의 당신이기 때문이다. 이를 안다면, 무엇이든 할 수 있다."

So here are a few things I want you to know that I know for sure. Don't be afraid. All you have to know is who you are because there is no such thing as failure. There is no such thing as failure. What other people label or might try to call failure, I have learned is just God's way of pointing you in a new direction.

So it's true. You may take several paths that end up on what might be a dead end for you at the moment but this is what I also know for sure. You must trust in the words of my favorite Bible verse that say: "And know that the lord will lead to you a rock that is higher than thou."

Every one of us has a calling. There is a reason why you are here. I know this for sure and that reason is greater than any degree. It's greater than any paycheck and it's greater than anything anybody can tell you that are you supposed to do. Your real job is to find out what the reason is and get about the business of doing it.

Check the Vocabulary

a few 몇 가지의 | **for sure** 확실히 | **label** (~라고) 분류하다, 부르다 | **point ~ in a new direction** 새로운 방향으로 이끌다 | **take a path** 길을 취하다 | **end up** (결국) ~하다 | **verse** 구절, 말

104

그래서 제가 확신하고 여러분이 알기를 원하는 몇 가지 것들이 있습니다. 두려워하지 마십시오. 여러분이 알아야 하는 유일한 것은 본래의 자신입니다. 왜냐하면 실패라고 하는 것이 존재하지 않기 때문입니다. 실패와 같은 것은 없습니다. 제가 배운 바로는, 다른 사람들이 실패라고 분류하거나 그렇게 부르려고 하는 것은 단지 여러분을 새로운 방향으로 이끄는 하나님의 방식일 뿐입니다.

네, 맞습니다. 여러분은 그 순간 여러분에게 막다른 길목으로 끝날지도 모르는 여러 길을 취할지도 모릅니다. 하지만 이것 또한 제가 확실히 아는 것입니다. 여러분은 제가 좋아하는 성경 구절의 말을 믿어야 합니다. "하나님께서 여러분을 지금보다 높은 반석으로 이끌어 주실 것을 압니다."

우리 각자는 모두 소명이 있습니다. 여러분이 여기에 있는 이유가 존재합니다. 저는 이것을 확실히 알며, 이 이유는 그 어떤 학위보다도 위대합니다. 이것은 어떤 봉급보다도 위대하며, 누군가가 당신이 해야 하는 일이라고 말해 주는 그 어떤 것보다도 더 위대합니다. 여러분이 진실로 해야 하는 일은 이 땅에 온 이유가 무엇인지를 알아내는 것과 그 본분에 힘쓰는 것입니다.

Your calling isn't something that somebody can tell you about. It's what you feel. It is a part of your life force. It is the thing that gives you juice, the thing that are you supposed to do and nobody can tell you what that is. You know it inside yourself.

You know, I come from good stock. Dr. Swygert was mentioning my grandmother who had a dream for me. Her dream was not a big dream. Her dream was that one day I could grow up, she used to say, "I want you to grow up and get yourself some good white folks." Because my grandmother was a maid and she worked for white folks her whole life and her idea of having a big dream was to have white folks who at least treated her with some dignity, who showed her a little bit respect. She used to say, "I want you to, I hope you get some good white folks that are kind to you." I regret that she didn't live past 1963 to see that I did grow up and get some really good white folks working for me.

Check the Vocabulary

life force 생명력 | **juice** 활력 | **mention** 언급하다 | **folk(s)** 사람(들), 부모 | **dignity** 존엄

여러분의 소명은 누군가가 여러분에게 말해 줄 수 있는 것이 아닙니다. 그것은 여러분이 느끼는 것입니다. 그것은 여러분의 생명력의 일부분입니다. 그것은 여러분에게 활력을 주는 것이며, 여러분이 해야 하는 것이며, 누구도 이것이 무엇인지 말해 줄 수 없습니다. 여러분 자신의 내면에서 그 소명을 발견하는 것입니다.

아시다시피 저는 좋은 혈통 출신입니다. 스와이거 박사는 저에게 꿈을 가진 저의 할머니를 언급했습니다. 할머니의 꿈은 큰 꿈은 아니었습니다. 할머니의 꿈은 제가 어른이 된 이후의 날들에 관한 것이었습니다. 할머니는 "난 네가 자라 신실한 백인들을 얻었으면 좋겠다."라고 말하곤 하셨습니다. 왜냐하면 저의 할머니는 하녀였고, 그녀는 평생 동안 백인들을 위해서 일을 했습니다. 할머니가 가진 큰 꿈이란 최소한 자신을 인격적으로 대하고, 자신에게 약간의 존중을 표하는 백인들을 위해서 일하는 것이었습니다. 할머니는 "난 네가 너에게 친절한 착한 백인들을 얻었으면 희망한다."고 말씀하시곤 했습니다. 제가 어른이 되어서 정말 괜찮은 백인들이 저를 위해 일하는 것을 할머니께서 보시지 못하고 1963년에 돌아가신 것이 참 유감입니다.

So have no fear. Have no fear. God has got your back and sometimes you find out what you are supposed to be doing by doing the things you are not supposed to do. So don't expect the perfect job that defines your life's work to come along next week. If that happens, take the blessing and run with it but if not, be grateful to be on the path where you eventually want to live.

Abide in the space of gratitude, because this is what I know for sure. That only through being grateful for how far you've come in your past can you leave room for more blessings to flow. Blessings flow in the space of gratitude. Everything in your life is happening to teach you more about yourself so even in a crisis, be grateful. When disappointed, be grateful. When things aren't going the way you want them to, be grateful that you have sense enough to turn it around.

Check the Vocabulary

get one's back 뒤를 봐 주다 | **be supposed to** ~하기로 되어 있다 | **grateful** 감사하는 | **path** 길 |
abide 머물다 | **how far you come** 당신이 얼마나 성공했는지

108

그러므로 두려워하지 마십시오. 하나님은 어려분의 뒤를 지켜 주십니다. 때로 여러분은 하지 말아야 할 일을 함으로써 여러분이 해야 할 일을 발견할 때도 있습니다. 그래서 다음 주에 당신의 인생의 일을 정의해 줄 완벽한 직업이 찾아올 거라고 기대하지 마세요. 만약 그런 일이 생긴다면, 축복을 받아들이고, 함께 달려가십시오. 그러나 만약 그렇지 않더라도, 여러분이 궁극적으로 살기를 원하는 길로 이끄는 길에서 감사하십시오.

감사의 공간에 머무세요. 왜냐하면 이것만큼은 제가 확실히 아는 것이기 때문입니다. 과거에 자신이 얼마나 성공했는지에 대한 감사를 통해서만이 더 많은 감사가 흘러넘칠 수 있는 여지를 남기게 됩니다. 축복은 감사하는 마음의 공간에서 흐릅니다. 당신의 삶의 모든 것은, 심지어 위기의 순간에서조차, 당신에 대해 더 많은 가르침을 주기 위해 일어나고 있는 것이기에 감사하십시오. 실망했을 때에도 감사하십시오. 상황이 여러분이 원하는 대로 흐르지 않더라도, 형세를 뒤집을 수 있는 충분한 감각이 있음을 감사하십시오.

leave room for ~에 대한 여지를 두다 | flow 흐르다 | gratitude 감사 | in a crisis 위기의 상황에서 | turn something around 상황을 역전시키다

I spent eight years in Baltimore. I knew in those years in Baltimore that I was unhappy being a television news reporter. But the voice of my father, who thought he knew what I was supposed to do was in my head. He said don't you give up that job, girl. You're never going to $25,000 in one year. That's my father's dream for me. But God could dream a bigger dream than you can dream for yourself. And so I tried to live in the space of God's dream. And the television executives told me when I was in Baltimore that I was just — it was too much. I was too big, and I was too black.

They told me that I was too engaged, that I was too emotional, I was too — too much for the news and so they put me on a talk show one day just to run out my contract. And that was the beginning of my story. So I say, even when things are difficult, be grateful. Honor your calling, don't worry about how successful you will be. Don't worry about it. Focus on how significant you can be in service and the success will take care of itself. And always take a stand for yourself. Your values, you are defined by what you stand for. Your integrity is not for sale.

Check the Vocabulary

executive 이사 | **too much** 못 견딜, 감당 못 할 | **put someone on a talk show** 토크쇼에 출연시키다 | **run out** (계약이) 만기가 되다 | **contract** 계약 | **honor** ~을 삼가 받다, (약속 등을) 지키다

저는 볼티모어에서 8년을 보냈습니다. 저는 8년 동안 볼티모어에서 텔레비전 뉴스 리포터를 하면서 행복하지 않았다는 것을 알고 있었습니다. 그러나 제가 하고자 했던 일을 알고 계셨던 아버지의 목소리가 머릿속에 맴돌았습니다. 아버지는 그 일을 포기하지 말라고 말했습니다. 너는 1년 안에 25,000달러를 절대 벌지 못해. 그것은 아버지가 저에 대해 가진 꿈이죠. 그러나 하나님은 여러분 스스로 꿈꿀 수 있는 것보다 더 큰 꿈을 꿀 수 있습니다. 그래서 저는 하나님의 꿈의 영역에서 살고자 노력했습니다. 그리고 제가 볼티모어에 있을 때, 그곳 텔레비전 방송국 이사는 제가 그 일을 감당하지 못할 거라고 말했습니다. 제가 너무 몸집이 크고, 지나치게 흑인이라고 말했죠.

그들은 제가 너무 심취하고, 너무 감정적이며, 뉴스 진행을 감당하지 못할 것이라고 말했습니다. 그리고 어느 날 저와의 계약을 파기하고 저를 쫓아내기 위해 토크쇼에 밀어 넣었습니다. 그런데 그 일은 제 이야기의 시작이 되었죠. 그래서 저는 말합니다. 상황이 어려워지더라도 감사하십시오. 소명을 따르십시오. 당신이 얼마나 성공해야 하는지에 대해서는 걱정하지 마십시오. 그것에 대해서 걱정하지 마십시오. 여러분이 자신의 일을 충실히 하는 것이 얼마나 중요한지에 초점을 맞추세요. 그러면 성공은 스스로 따르게 됩니다. 그리고 항상 자신의 의견을 밝히십시오. 여러분의 가치, 여러분은 여러분이 옹호하는 것에 의해서 정의됩니다. 여러분의 도덕성은 판매를 위한 것이 아닙니다.

SPEECH

11

Michelle Obama's
Eastern Kentucky University
Commencement Speech

미셸 오바마의 이스턴 켄터키 대학교 졸업식 연설

2013년 5월 11일, 이스턴 켄터키 대학교

미셸 오바마

미국 최초의 흑인 퍼스트 레이디인 미셸 오바마는 미국의 흑인 여성 법조인·사회 운동가이며, 미국의 제44대 대통령 버락 오바마의 부인이다. 그녀는 지적인 외모와 화려한 경력, 뛰어난 능력뿐 아니라 탁월한 패션 감각으로 대선 이전에는 제35대 대통령 존 F. 케네디의 부인이었던 재클린 케네디와 비교되어, 검은 재클린이라 불리기도 했다.

시카고에서 가장 뛰어난 공립 고등학교로 알려진 휘트니 영 고등학교를 1981년 졸업한 후 프린스턴 대학교에 진학하여, 사회학을 전공으로 1985년 쿰 라우데급의 우수한 성적으로 졸업하였다. 그 후 하버드 로스쿨에 진학하여 1988년 법무 박사(J.D.) 학위를 받고 변호사 자격을 취득했다. 시카고의 시들리 오스틴(Sidley Austin) 로펌에서 변호사(associate)로 일하다가 하버드 로스쿨 재학 중 여름 인턴 변호사(summer associate)로 들어온 버락 오바마를 알게 되었다. 당시 미셸은 버락 오바마의 선배로써 조언자 역할을 했으며, 당시 그 로펌에서 흑인은 그들 2명뿐이었다.

남편 버락 오바마는 그 후 로펌을 떠나 정계에 투신했으나, 미셸은 계속 법조계에서 활동하면서 공직자로도 일했다. 시카고 대학교 지역 업무 담당 책임자를 거쳐, 남편의 선거 운동 활동 직전까지 시카고 대학교 부속 병원 부원장을 지냈다. 남편이 2008년 대통령 선거 운동에 뛰어들게 되자, 그녀는 대학 병원 부원장직을 그만두고 남편의 선거 운동에 적극적으로 참여하였는데, 그녀의 젊고 활기찬 이미지가 긍정적으로 작용한 것으로 알려져 있다.

And for so many of you, I know that graduating from college was not a foregone conclusion. Some of you came from high schools that don't send a lot of kids to college. Some of you had to work full time so that you could not only pay for your degree, but also support your family. And so many of you, as I have seen, are first in your families to graduate from college.

So I know you faced all kinds of doubts and uncertainties when you first showed up on this campus. And I know a little bit about that from my own experiences.

As you've heard, my parents were working folks who never earned a degree past high school. They didn't have a lot of money, so sending me and my brother to school was a huge sacrifice for them. The vast majority of our tuition came from loans and grants, but let me tell you, every month, my father would write out his small check. He was determined to pay his portion of that tuition right on time, even if it meant taking out loans when he fell short.

Check the Vocabulary

graduate 졸업하다 | **foregone** 과거의, 이전의 | **face** 직면하다 | **doubts and uncertainties** 의심과 불확실함 | **show up** 드러나다, 나타나다 | **degree** 학위 | **huge sacrifice** 큰 희생

그리고 대부분의 여러분에게 대학을 졸업한다는 것이 과거의 결정이 아니라는 것을 저도 압니다. 여러분 중 누군가는 대학에 많은 아이를 보내지 못한 고등학교 출신입니다. 어떤 이는 풀타임으로 일을 해야 학위를 따기 위한 돈을 지불할 뿐 아니라 가족까지 부양할 수 있는 사람도 있습니다. 그리고 제가 보아 온 대부분의 여러분은 가족 중 대학을 졸업한 첫 번째 사람입니다.

그리고 저는 여러분이 이 캠퍼스에 처음 모습을 드러냈을 때 모든 종류의 의심과 불확실함에 직면했다는 것을 압니다. 그리고 제 개인적 경험으로 그것에 대해 약간은 알고 있죠.

들었다시피, 저희 부모님은 고등학교 졸업 이상의 학위를 결코 따지 못한 노동자였습니다. 이분들은 많은 돈을 가지고 있지 않았기 때문에, 저와 제 동생을 학교에 보내는 것은 부모님께 너무나 큰 희생이었습니다. 저의 수업료의 대부분은 대출과 보조금으로 충당했지만, 매달 아버지는 소액 수표를 끊어 주셨습니다. 돈이 모자랄 때 대출을 받아야 할 상황이 되더라도 아버지는 때를 놓치지 않고 정확하게 수업료에서 자신의 몫을 지불할 결심을 하셨습니다.

See, what our parents had to offer us was a whole lot of love. And while we could always call home and talk through the ups and downs of our lives with our parents, the truth is they couldn't give us a lot more than that. They couldn't give us a lot of guidance when it came to choosing classes and professors, or finding internships and jobs.

So when I first set foot on college, my campus, it was all a bit of a mystery to me. And honestly, in the back of my mind, I couldn't shake the voices from some of the people at my high school who told me that I could never make it at the school I'd chosen.

When I first set foot on campus, oh, it all seemed so big and overwhelming. I didn't even know where to start — how to pick out the right classes, how to even find the right buildings. So I began to think that maybe all those doubters might have been right.

the ups and downs of lives 삶의 희로애락 | guidance 지침 | make it 성공하다 | set foot on ~ 에 발을 내딛다 | pick out 골라내다 | doubter 의심하는 사람

그렇습니다. 저희 부모님이 우리에게 제공해 준 것은 바로 끝없는 사랑이었습니다. 그리고 우리는 언제든 집에 전화해서 부모님과 인생의 기복에 대해 이야기할 수 있었지만, 사실 그 이상 많은 도움을 받기는 어려웠습니다. 수업이나 교수 선택, 혹은 인턴십이나 직장을 찾는 데 있어서 많은 조언을 받기는 힘들었습니다.

그래서 제가 처음 대학 캠퍼스에 발을 내딛었을 때, 저에게는 모든 것이 약간 불가사의했습니다. 그리고 솔직히 말씀드리면, 내 머릿속 한구석에는 내가 선택한 학교에서 절대 성공할 수 없을 거라고 말했던 고등학교 사람들의 목소리를 떨칠 수가 없었습니다.

제가 처음 캠퍼스에 발을 내딛었을 때, 모든 것이 거대하고 저를 압도하는 것처럼 보였습니다. 저는 어디서부터 시작할지조차 몰랐습니다. 알맞은 수업을 고르는 방법, 해당 건물을 찾아가는 방법조차도요. 그래서 제가 잘해 나갈지 의심했던 그 사람들이 옳았을 수도 있다는 생각을 하기 시작했습니다.

11-03

I didn't even know how to furnish my own dorm room. I saw all these other kids moving in all sorts of couches and lamps and decorations for their rooms, but when I unpacked my belongings, I realized that I didn't even have the right size sheets for my bed — mine were way too short. So that first night, I stretched the sheets down as far as they could go, then I draped the covers over the foot of my bed so when I crawled into bed my legs were sticking out past the sheets, rubbing up against that cold, plastic mattress. And I slept that way for the entire freshman year.

But when you come from a family like mine, that's what you do. You make the most of what you've got. You use all that good common sense and you don't make excuses. You work hard, and you always finish what you start. And no matter what, you give everybody a fair shake, and when somebody needs a hand, you offer yours.

Check the Vocabulary

furnish (방 등을) 꾸미다, 갖추다 | all sorts of 온갖 종류의 | stretch 늘리다, 뻗다 | drape 걸치다, 꾸미다 | crawl into ~ 안으로 기어 들어가다 | stick out 삐져나오다

118

심지어 저는 제 자신의 기숙사방도 어떻게 꾸며야 할지도 몰랐습니다. 저는 자기 방을 꾸미기 위해 온갖 종류의 소파, 램프 그리고 장식물을 들고 움직이는 다른 아이들을 보았습니다. 제가 가져온 물건을 풀었을 때, 심지어 침대에 맞지 않는 시트를 가져왔다는 것을 깨달았습니다. 제 것이 지나치게 작았거든요. 그래서 첫날 밤은 시트를 늘릴 수 있는 만큼 늘리고, 침대의 끝자락까지 커버를 덮고, 침대 안으로 들어갔습니다. 나의 다리는 시트에서 삐져나와 차가운 비닐 매트리스를 문질렀지요. 그리고는 1학년 내내 그렇게 잠을 잤습니다.

그러나 여러분이 저와 같은 가정의 출신이라면, 바로 그렇게 하는 거예요. 자신이 가진 것을 최대한 활용하는 것이죠. 가지고 있는 모든 상식을 활용하고, 변명을 하지 않는 겁니다. 열심히 일하고, 시작한 것을 항상 끝내는 것이죠. 그리고 무엇을 하든, 모든 사람에게 공정한 조치를 취하고, 누군가가 도움을 필요로 하면 도움의 손길을 제공하는 겁니다.

---

make the most of 최대한 활용하다 | **what you've got** 가지고 있는 것 | **hand** 도움

See, those were the gifts my parents gave me — their values. And I quickly learned that those gifts were far more valuable than money or connections. Because once I got to college, I found that when I applied all those values to my studies, I was able to set — develop an entirely new set of skills that I would use for the rest of my life — skills like resilience, problem solving, time management.

I learned to turn stumbles and missteps into sources of motivation. A week with three tests and two papers wasn't a reason to stress out, but a reason to plan. A negative comment from a professor in class wasn't a reason to shut down, but a reason to ask even more questions. Most importantly, I realized that what really mattered wasn't how much money my parents made or what those people in my high school said about me. What mattered was what was in my mind and what was in my heart. So my four years in school gave me the confidence to know that if I could make it on a college campus, I could make it anywhere.

Check the Vocabulary

far more 훨씬 더 | **resilience** 탄력성, 회복력 | **problem solving** 문제 해결 (능력) | **stumbles and missteps** 실책과 과오 | **motivation** 동기 | **stress out** 스트레스를 받다 | **comment** 말

보세요. 이것들은 저희 부모님이 제게 주신 선물이었습니다. 바로 그분들이 따르던 가치죠. 그리고 저는 이러한 선물이 돈이나 연줄보다 훨씬 더 가치 있다는 것을 금방 알게 되었습니다. 대학에 들어가서 제가 하는 공부에 이러한 모든 가치를 적용했을 때, 저는 남은 평생 동안 사용할 수 있는 탄력성, 문제 해결, 시간 관리와 같은 완전히 새로운 기술들을 개발할 수 있다는 것을 알게 되었습니다.

저는 실책과 과오를 동기부여의 원천으로 전환하는 것을 배웠습니다. 세 개의 시험과 두 개의 리포트 과제가 있는 주는 스트레스를 받을 이유가 되기보다는 계획을 세울 이유였죠. 수업 시간의 한 교수의 부정적인 말은 말문을 닫을 이유가 아니라 오히려 더 많은 질문을 할 이유였습니다. 가장 중요한 것은, 이것입니다. 정말로 중요한 것은 나의 부모님이 얼마나 많은 돈을 버는지 또는 고등학교 당시 사람들이 나에 대해 어떤 말을 하는지가 아니라는 것을 저는 깨달았습니다. 정작 중요한 것은 내 정신과 내 마음속에 있는 것이었죠. 그래서 학교에 있는 4년은 저에게 대학 캠퍼스에서 내가 성공할 수 있으면 어디서도 성공할 수 있다는 자신감을 갖게 해 주었습니다.

Check the Vocabulary

shut down 입을 닫다 | **matter** 중요하다 | **make it** 성공하다

SPEECH

12

Michelle Obama's Spelman College Commencement Speech

미셸 오바마의 스펠맨 대학교 졸업식 연설

2011년 5월 15일, 스펠맨 대학교

미셸 오바마

미국 최초의 흑인 퍼스트 레이디인 미셸 오바마는 미국의 흑인 여성 법조인·사회 운동가이며, 미국의 제44대 대통령 버락 오바마의 부인이다. 그녀는 지적인 외모와 화려한 경력, 뛰어난 능력뿐 아니라 탁월한 패션 감각으로 대선 이전에는 제35대 대통령 존 F. 케네디의 부인이었던 재클린 케네디와 비교되어, 검은 재클린이라 불리기도 했다.

시카고에서 가장 뛰어난 공립 고등학교로 알려진 휘트니 영 고등학교를 1981년 졸업한 후 프린스턴 대학교에 진학하여, 사회학을 전공으로 1985년 쿰 라우데급의 우수한 성적으로 졸업하였다. 그 후 하버드 로스쿨에 진학하여 1988년 법무 박사(J.D.) 학위를 받고 변호사 자격을 취득했다. 시카고의 시들리 오스틴(Sidley Austin) 로펌에서 변호사(associate)로 일하다가 하버드 로스쿨 재학 중 여름 인턴 변호사(summer associate)로 들어온 버락 오바마를 알게 되었다. 당시 미셸은 버락 오바마의 선배로써 조언자 역할을 했으며, 당시 그 로펌에서 흑인은 그들 2명뿐이었다.

남편 버락 오바마는 그 후 로펌을 떠나 정계에 투신했으나, 미셸은 계속 법조계에서 활동하면서 공직자로도 일했다. 시카고 대학교 지역 업무 담당 책임자를 거쳐, 남편의 선거 운동 활동 직전까지 시카고 대학교 부속 병원 부원장을 지냈다. 남편이 2008년 대통령 선거 운동에 뛰어들게 되자, 그녀는 대학 병원 부원장직을 그만두고 남편의 선거 운동에 적극적으로 참여하였는데, 그녀의 젊고 활기찬 이미지가 긍정적으로 작용한 것으로 알려져 있다.

We're so so proud of you. We're proud of the effort you've invested and the risks that you took. We're proud of the bonds that you forged, the growth that you've showed. We're proud of how for the past four years you've immersed yourselves in the life of the school and embraced all that it has to offer. In doing so you didn't just write a chapter in your own life story, you also became part of the Spelman story, a story that began 130 years ago about 10 miles down the road from where we are today. By now all of you know the details about how two white women from up north — Sophia Packard and Harriet Giles — came here to Atlanta to establish the Atlanta Baptist Female Seminary.

We want the world to know this story. They started out in a dank church basement loaned to them by a kindly preacher named Father Quarrels. In their first class they had just 11 students, many of whom were former slaves.

Check the Vocabulary

be proud of ~을 자랑스럽게 여기다 | take the risk 감히 위험을 무릅쓰다, 대담하게 해 보다 | forge bonds 유대를 형성하다 | immerse oneself in ~에 심취하다, 푹 빠지다

우리는 여러분이 너무나 자랑스럽습니다. 우리는 여러분이 투자한 노력과 여러분이 실천한 대담함을 자랑스럽게 여깁니다. 우리는 여러분이 형성한 유대와 여러분이 보여준 성장을 자랑스럽게 생각합니다. 우리는 지난 4년간 여러분이 학교생활에 충실하고, 학교가 제공한 모든 것을 받아들인 것이 너무나 자랑스럽습니다. 이렇게 함으로써 여러분은 단지 자신의 삶의 새로운 이야기의 장을 쓴 것뿐 아니라 또한 바로 오늘날 여러분이 있는 이곳에서 약 10마일 떨어진 곳에서 약 130년 전에 시작된 스펠맨 역사의 일부가 된 것입니다. 지금쯤 여러분 모두가 어떻게 북부에서 온 두 여성 소피아 패커드와 해리엇 자일스가 이곳 애틀랜타에 와서 여성침례신학대학을 설립하게 되었는지에 대한 자세한 이야기를 알고 있을 겁니다.

우리는 세상이 이 이야기를 알았으면 합니다. 두 사람은 친절한 설교자인 쿼렐스 신부가 임대해 준 습기 많은 교회 지하실에서 학교를 시작했습니다. 첫 번째 수업에 참석한 학생들은 단지 11명뿐이었으며, 이들 중 대부분은 이전에 노예였습니다.

Back then the thought of an African American woman learning to read and write was to so many laughable at best and impossibility at worst. A plenty of people tried to persuade them Miss Packard and Miss Giles from founding the school. They said the south was too dangerous. They said that at the ages of 56 and 48, these women were too old. These two ladies were unmoved. In their own words, they were determined to lift up these women and girls who never had a chance. It's a story that has been told and retold, enacted and reenacted in every generation since the day that Spelman first opened its doors.

In a time of black codes and lynching this school was training African American women to be leaders in education and health professions. In a time of legalized segregation this school was establishing math and biology departments and training a generation of black women scientists. At a time when many work places were filled with not just glass ceilings but brick walls, this school was urging black women to become doctors and lawyers, engineers and ambassadors.

Check the Vocabulary

laughable 웃음거리의 | **persuade** 설득하다 | **lift up** 고양시키다 | **enact** 실행하다 | **black code** 흑인 단속법 | **lynching** 린치, 폭력 | **legalized segregation** 합법적 인종차별

그 당시 아프리카계 미국 여성이 글을 읽고 쓴다는 생각은 많은 사람들에게 기껏해야 웃음거리였으며, 최악의 경우 불가능한 것이었습니다. 많은 사람들이 패커드와 자일스에게 학교를 설립하지 못하도록 설득하려고 했습니다. 이들은 남부는 너무 위험하다고 말했습니다. 이들은 56세와 48세인 이 여성들이 너무 나이가 많다고 말했습니다. 이 두 여성은 꼼짝도 하지 않았습니다. 그들의 말을 빌면, 그들은 한 번도 기회를 가지지 못했던 이 여성들과 여자아이들을 정신적으로 고양시키기로 마음을 먹었습니다. 이것은 스팰맨이 처음으로 문을 연 날 이래 모든 세대에서 전해지고, 또 전해지고, 실현되고 또 재현된 이야기입니다.

흑인 단속법과 폭력적 제재의 시대에 이 학교는 아프리카계 미국 여성들을 교육과 건강 직종의 지도자로 훈련시켰습니다. 인종차별이 합법적으로 인정되던 시절에 이 학교는 수학과 생물학과를 창설하고, 한 세대의 흑인 여성 과학자들을 양성했습니다. 많은 직장이 보이지 않는 차별이 아니라 넘기 어려운 큰 장벽으로 가득한 시절에 이 학교는 흑인 여성들에게 의사와 변호사, 엔지니어와 대사가 되도록 장려했습니다.

Check the Vocabulary

glass ceiling 유리천장(보이지 않는 차별을 상징하는 표현) | **brick wall** 큰 장벽, 넘기 어려운 장애 |
ambassador 대사

12-03

Now that is the story of Spelman College, that unyielding presumption of promise, that presumption of brilliance, that presumption that every woman who enrolls at the school has something infinitely valuable to offer this world.

Ladies, that is now your story. That legacy is now your inheritance. I chose that word inheritance very carefully because it's not an entitlement that you can take for granted, it's not a gift with which you can do whatever you please. It is a commitment that comes with a certain set of obligations, obligations that don't end when you march through that arch today.

이 학교에 입학한 모든 여성은 이 세상에 제공할 수 있는 무한히 가치 있는 것을 소유하고 있다는 확고한 전망과 탁월함에 대한 확신이 바로 스펠맨 대학의 이야기입니다.

여러분, 이제 여러분의 이야기입니다. 이제 이 유산은 여러분의 유산입니다. 저는 이 유산이란 단어를 아주 신중하게 선택했습니다. 그것은 이 유산이 여러분이 당연할 수 있는 권리가 아니며, 마음 내키는 것은 무엇이든 할 수 있는 그런 재능이 아니기 때문입니다. 이것은 여러분이 오늘 저 아치문을 통해 당당히 지나갈 때 끝나지 않은 특정한 의무와 함께하는 책임이기 때문입니다.

Check the Vocabulary

whatever you please 마음에 내키는 것은 무엇이든 | **obligation** 의무 | **march through** ～을 통해서 진군하다, 당당히 나아가다

SPEECH

13

Michelle Obama's Democratic
National Convention
Keynote Address

미셀 오바마의 미국 민주당 전당대회 기조연설

2008년 8월 25일, 마일 하이 스타디움

미셀 오바마

미국 최초의 흑인 퍼스트 레이디인 미셀 오바마는 미국의 흑인 여성 법조인·사회 운동가이며, 미국의 제44대 대통령 버락 오바마의 부인이다. 그녀는 지적인 외모와 화려한 경력, 뛰어난 능력뿐 아니라 탁월한 패션 감각으로 대선 이전에는 제35대 대통령 존 F. 케네디의 부인이었던 재클린 케네디와 비교되어, 검은 재클린이라 불리기도 했다.

시카고에서 가장 뛰어난 공립 고등학교로 알려진 휘트니 영 고등학교를 1981년 졸업한 후 프린스턴 대학교에 진학하여, 사회학을 전공으로 1985년 쿰 라우데급의 우수한 성적으로 졸업하였다. 그 후 하버드 로스쿨에 진학하여 1988년 법무 박사(J.D.) 학위를 받고 변호사 자격을 취득했다. 시카고의 시들리 오스틴(Sidley Austin) 로펌에서 변호사(associate)로 일하다가 하버드 로스쿨 재학 중 여름 인턴 변호사(summer associate)로 들어온 버락 오바마를 알게 되었다. 당시 미셀은 버락 오바마의 선배로써 조언자 역할을 했으며, 당시 그 로펌에서 흑인은 그들 2명뿐이었다.

남편 버락 오바마는 그 후 로펌을 떠나 정계에 투신했으나, 미셀은 계속 법조계에서 활동하면서 공직자로도 일했다. 시카고 대학교 지역 업무 담당 책임자를 거쳐, 남편의 선거 운동 활동 직전까지 시카고 대학교 부속 병원 부원장을 지냈다. 남편이 2008년 대통령 선거 운동에 뛰어들게 되자, 그녀는 대학 병원 부원장직을 그만두고 남편의 선거 운동에 적극적으로 참여하였는데, 그녀의 젊고 활기찬 이미지가 긍정적으로 작용한 것으로 알려져 있다.

And I come here as a mom — as a mom whose girls are the heart of my heart and the center of my world. They're the first things I think about when I wake up in the morning and the last thing I think about before I go to bed at night. Their future — and all our children's future — is my stake in this election.

And I come here as a daughter, raised on the South Side of Chicago by a father who was a blue-collar city worker and a mother who stayed at home with my brother and me. My mother's love has always been a sustaining force for our family, and one of my greatest joys is seeing her integrity, her compassion, her intelligence reflected in my daughters.

My dad was our rock. And although he was diagnosed with multiple sclerosis in his early 30s, he was our provider. He was our champion, our hero. But as he got sicker, it got harder for him to walk, took him longer to get dressed in the morning, you know. But if he was in pain, he never let on. He never stopped smiling and laughing, even while struggling to button his shirt, even while using two canes to get himself across the room to give my mom a kiss. He just woke up a little earlier and he worked a little harder.

Check the Vocabulary

stake 이해 관계, 개인적 관심 | **blue-collar worker** 육체노동자 | **sustaining** 유지하는, 떠받치는 | **integrity** 정직함 | **compassion** 동정 | **reflect** 반영하다, 반성하다

그리고 저는 여기 한 어머니로 와 있습니다. 저는, 아이들이 제 마음속 한가운데에, 제 세상의 중심에 있는 한 어머니입니다. 두 딸은 제가 아침에 일어나서 생각하는 처음이며, 제가 밤에 잠자리에 들기 전에 생각하는 마지막 대상이죠. 이 아이들의 미래 그리고 우리 모든 아이들의 미래가 이번 선거에서의 제 관심사입니다.

그리고 저는 도시의 육체노동자인 아버지와 오빠 그리고 저와 함께 집에 계셨던 어머니 슬하에서 시카고 남부에서 자란 한 명의 딸로 여기 서 있습니다. 제 어머니가 베푼 사랑은 언제나 저의 가족을 유지하는 힘이었으며, 제가 누리는 가장 큰 기쁨 중 하나는 저의 딸에게서 반영되는 어머니의 정직함, 열정, 지혜를 보는 것입니다.

저희 아버지는 우리 가족의 반석이었습니다. 아버지는 30대 초반에 다발성 경화증 진단을 받으셨지만, 우리 가족을 부양했습니다. 아버지는 가족의 챔피언이자 영웅이었습니다. 그러나 아버지는 점점 몸이 쇠약해지면서 걷기가 더 힘들어졌고, 아침에 옷을 입는 데 더 오랜 시간이 걸렸습니다. 그러나 아버지는 고통을 겪으시면서도 절대 입 밖에 내지 않았습니다. 아버지는 셔츠의 단추를 잠그는 것조차 힘겨워하셨던 때에도, 방을 건너와서 어머니에게 키스를 하려고 할 때면 두 지팡이를 짚고 움직여야 할 때에도 절대 미소와 웃음을 잃지 않았습니다. 아버지는 단지 좀 더 일찍 일어나셨고, 조금 더 부지런히 일을 했을 뿐입니다.

---

diagnose 진단하다 | **multiple sclerosis** 다발성 경화증(뇌와 척수에 경화를 일으킴) | **let on** 폭로하다, 누설하다 | **cane** 지팡이 | **get across** 건너다, 지나가다

He and my mom poured everything they had into me and Craig. It was the greatest gift a child could receive, never doubting for a single minute that you're loved and cherished and have a place in this world. And thanks to their faith and their hard work, we both were able to go to college. So I know firsthand, from their lives and mine, that the American Dream endures.

And you know, what struck me when I first met Barack was that even though he had this funny name, and even though he had grown up all the way across the continent in Hawaii, his family was so much like mine. He was raised by grandparents who were working-class folks just like my parents, and by a single mother who struggled to pay the bills just like we did. And like my family, they scrimped and saved so that he could have opportunities that they never had for themselves.

And Barack and I were raised with so many of the same values, like you work hard for what you want in life; that your word is your bond; that you do what you say you're going to do; that you treat people with dignity and respect, even if you don't know them and even if you don't agree with them.

Check the Vocabulary

firsthand 직접적으로(↔**secondhand**) | **endure** 지속하다 | **strike** (생각 등이) 마음에 떠오르다, ~이 생각나다 | **all the way across the continent** 대륙 저 건너 | **working-class** 노동자 계층의

아버지와 어머니는 그분들이 가진 모든 것을 저와 크레이그에게 쏟으셨습니다. 그것은 한 아이가 받을 수 있는 최고의 선물이며, 단 한 순간도 가족의 사랑과 소중함을 의심한 적이 없었고, 이 세상에 내가 있을 장소가 있는지를 의심하지도 않았습니다. 그리고 부모님의 신념과 근면함으로 인해 저희 둘은 모두 대학에 진학할 수 있었습니다. 그래서 저는 부모님과 저의 삶을 통해서 아메리칸 드림이 존속한다는 것을 경험으로 알고 있습니다.

그리고 아시다시피, 제가 처음 버락을 만났을 때 떠올랐던 생각은 그가 재밌는 이름을 가졌고, 대륙 저 너머의 하와이에서 자랐으면서도, 그의 가족이 저의 가족과 아주 비슷했다는 점이었습니다. 그는 저희 부모님처럼 노동자 계층이었던 할머니, 할아버지와 우리가 그랬던 것과 마찬가지로 공과금을 힘겹게 납부했던 홀어머니 슬하에서 컸습니다. 그리고 저희 가족처럼 이들은 절약하고 저축해서 그분들은 결코 누리지 못했던 기회를 버락이 가질 수 있도록 지원해 주셨습니다.

그리고 버락과 저는 너무나 많은 동일한 가치를 가지고 성장했습니다. 그 가치는 다음과 같습니다. 삶에서 원하는 것을 위해 열심히 일해라. 내뱉은 말은 지켜야 하는 의무다. 한다고 말한 일은 꼭 해라. 모르는 사람이라도, 심지어 동의하는 사람이 아니더라도 존엄과 존중의 태도로 사람을 대하라.

Check the Vocabulary

folks 가족, 양친 | **scrimp** 긴축하다, 절약하다 | **bond** 약속, 채무 | **with dignity and respect** 존엄과 존중의 마음으로

13-03

And Barack and I set out to build lives guided by these values and to pass them on to the next generation, because we want our children and all children in this nation to know that the only limit to the height of your achievements is the reach of your dreams and your willingness to work hard for them.

And as our friendship grew and I learned more about Barack, he introduced me to work — the work that he'd done when he first moved to Chicago after college. You see, instead of heading to Wall Street, Barack went to work in neighborhoods that had been devastated by the closing of steel plants. Jobs dried up. And Barack was invited back to speak to people from those neighborhoods about how to rebuild their community.

And the people gathered there together that day were ordinary folks doing the best they could to build a good life. See, they were parents trying to get by from paycheck to paycheck; grandparents trying to get it together on a fixed income; men frustrated that they couldn't support their families after jobs had disappeared. You see, those folks weren't asking for a handout or a shortcut. See, they were ready to work. They wanted to contribute. They believed, like you and I believe, that America should be a place where you can make it if you try.

Check the Vocabulary

set out 시작하다, 착수하다 | **willingness** 의지, 기꺼이 ~하려는 마음 | **head to** ~로 향하다 | **devastate** 황폐시키다 | **steel plant** 제철소 | **build a life** 삶을 일구다 | **get by** 간신히 살아가다

136

그리고 버락과 저는 이러한 가치들을 바탕으로 인생을 쌓아올리고, 이러한 가치들을 다음 세대에 전해 주기 시작했습니다. 왜냐하면 제 아이들과 이 나라의 모든 아이들이 자신들이 이룰 수 있는 최고 성취의 유일한 한계점은 꿈과 이러한 꿈을 위해 열심히 일하려는 의지가 다다르는 곳이라는 것을 알기를 바라기 때문입니다.

그리고 우리의 우정이 자라고, 버락에 대해서 더 많은 것을 알게 되면서, 그는 자신이 대학 후 시카고에 처음 이주했을 때 했던 일을 나에게 소개해 주었습니다. 월 스트리트로 향하는 대신, 버락은 제철소의 폐업으로 황폐해진 동네로 일하러 갔습니다. 일자리는 모두 사라져 버렸습니다. 그래도 버락은 이 동네 주민들에게 그들의 공동체를 재건하는 방법을 전하려 다시 초대되었습니다.

그리고 그날 거기에 함께 모인 사람들은 올바른 삶을 꾸리기 위해 할 수 있는 한 최선을 다하는 평범한 사람들이었습니다. 있잖아요. 이들은 하루 벌어 간신히 살아가는 부모였습니다. 할아버지와 할머니는 고정 수입에 의존해서 잘 꾸려 가려고 노력하려는 분들이었고, 직업이 사라진 후 가족을 부양할 수 없다는 좌절감에 쌓인 가장들이었습니다. 이들은 정부의 지원금이나 손쉬운 방법을 요구하는 것이 아니었습니다. 이들은 일할 준비가 되어 있었습니다. 이들은 사회에 공헌하기를 원했습니다. 이들은 여러분과 제가 믿는 것처럼 미국은 노력을 하면 성공할 수 있는 나라임을 믿었습니다.

from paycheck to paycheck 그달 그달 | **fixed income** 고정 수입 | **frustrate** 실망시키다 | **handout** (가난한 사람 등에게) 주는 돈 또는 물건 | **shortcut** 지름길

And Barack stood up that day, and he spoke words that have stayed with me ever since. He talked about the world as it is and the world as it should be. And he said that all too often we accept the distance between the two, and we settle for the world as it is, even when it doesn't reflect our values and aspirations.

But he reminded us that we also know what the world should like — look like. He said we know what fairness and justice and opportunity look like, and he urged us to believe in ourselves, to find the strength within ourselves to strive for the world as it should be. And isn't that the great American story?

그리고 버락은 그날 일어서서 그 이후로 제 마음속에 지금도 머물고 있는 말을 했습니다. 그는 지금 현재의 세상과 당연히 그래야 하는 세상에 관한 이야기를 했습니다. 그리고 버락은 아주 종종 우리가 이 두 세상의 차이점을 받아들이고, 현 세상이 우리의 가치와 열망을 반영하지 않는 때라도 지금 현재의 세상을 감수해야 한다고 말했습니다.

그러나 버락은 우리가 또한 세상이 어때야 하는지 알고 있다고 우리에게 상기시켜 주었습니다. 버락은 이미 우리가 공정함과 정의 그리고 기회가 어떤 것인지 알고 있다고 말했습니다. 그는 우리 자신을 믿고, 자신의 내면의 강함을 발견해서 당연히 그래야만 하는 세상을 만들기 위해 노력하라고 촉구했습니다. 이것이 바로 위대한 미국의 이야기가 아닙니까?

Check the Vocabulary

fairness and justice 공정함과 정의 | **urge** 촉구하다 | **strive for** ~을 얻으려고 노력하다, 애쓰다

SPEECH

14

Michelle Obama's Elizabeth Garrett Anderson School Speech

미셸 오바마의 엘리자베스 개럿 앤더슨 여학교 연설

2009년 4월 2일, 런던 엘리자베스 개럿 앤더슨 여학교

미셸 오바마

미국 최초의 흑인 퍼스트 레이디인 미셸 오바마는 미국의 흑인 여성 법조인 · 사회 운동가이며, 미국의 제44대 대통령 버락 오바마의 부인이다. 그녀는 지적인 외모와 화려한 경력, 뛰어난 능력뿐 아니라 탁월한 패션 감각으로 대선 이전에는 제35대 대통령 존 F. 케네디의 부인이었던 재클린 케네디와 비교되어, 검은 재클린이라 불리기도 했다.

시카고에서 가장 뛰어난 공립 고등학교로 알려진 휘트니 영 고등학교를 1981년 졸업한 후 프린스턴 대학교에 진학하여, 사회학을 전공으로 1985년 쿰 라우데급의 우수한 성적으로 졸업하였다. 그 후 하버드 로스쿨에 진학하여 1988년 법무 박사(J.D.) 학위를 받고 변호사 자격을 취득했다. 시카고의 시들리 오스틴(Sidley Austin) 로펌에서 변호사(associate)로 일하다가 하버드 로스쿨 재학 중 여름 인턴 변호사(summer associate)로 들어온 버락 오바마를 알게 되었다. 당시 미셸은 버락 오바마의 선배로써 조언자 역할을 했으며, 당시 그 로펌에서 흑인은 그들 2명뿐이었다.

남편 버락 오바마는 그 후 로펌을 떠나 정계에 투신했으나, 미셸은 계속 법조계에서 활동하면서 공직자로도 일했다. 시카고 대학교 지역 업무 담당 책임자를 거쳐, 남편의 선거 운동 활동 직전까지 시카고 대학교 부속 병원 부원장을 지냈다. 남편이 2008년 대통령 선거 운동에 뛰어들게 되자, 그녀는 대학 병원 부원장직을 그만두고 남편의 선거 운동에 적극적으로 참여하였는데, 그녀의 젊고 활기찬 이미지가 긍정적으로 작용한 것으로 알려져 있다.

14-01

I was also fortunate enough to be cherished and encouraged by some strong male role models as well, including my father, my brother, uncles and grandfathers. The men in my life taught me some important things, as well. They taught me about what a respectful relationship should look like between men and women. They taught me about what a strong marriage feels like: that it's built on faith and commitment and an admiration for each other's unique gifts. They taught me about what it means to be a father and to raise a family. And not only to invest in your own home but to reach out and help raise kids in the broader community.

And these were the same qualities that I looked for in my own husband, Barack Obama. And when we first met, one of the things that I remember is that he took me out on a date. And his date was to go with him to a community meeting. I know, how romantic. But when we met, Barack was a community organizer. He worked, helping people to find jobs and to try to bring resources into struggling neighborhoods. As he talked to the residents in that community center, he talked about two concepts. He talked about "the world as it is" and "the world as it should be."

Check the Vocabulary

fortunate 운이 좋은 | **cherish** 소중히 여기다 | **respectful** 경의를 표하는 | **what ~ like = how** 어떤 지 | **be built on** ~에 기반을 두고 세워지다 | **commitment** 헌신

저는 또한 저의 아버지, 오빠, 삼촌 그리고 할아버지를 포함해서 몇몇의 우직한 남성 롤 모델에 의해서도 소중함과 용기를 받을 만큼 운이 좋았습니다. 제 인생과 연관된 남자들은 저에게 또한 몇 가지 중요한 것들을 가르쳐 주었습니다. 이들은 저에게 남녀 사이의 존경할 만한 관계가 어떤 것이어야 하는지 가르쳐 주었습니다. 이들은 저에게 견실한 결혼 생활이 어떤 느낌이어야 하는지 가르쳐 주었습니다. 이것은 신념과 헌신 그리고 서로의 독특한 재능에 대한 찬사에 기반을 두고 있는 것입니다. 이들은 저에게 아버지가 되는 것과 가족을 부양한다는 것이 무엇인지 가르쳐 주었습니다. 그리고 자신의 가정에 투자할 뿐 아니라 좀 더 넓은 공동체에 손을 뻗고 아이들을 기르는 것을 도와야 한다는 것도 가르쳐 주었습니다.

그리고 이러한 것들은 제 남편인 버락 오바마에게서 찾았던 동일한 자질이었습니다. 그리고 우리가 처음 만났을 때, 제가 기억하는 것들 중 하나는 그가 한 번은 데이트로 나를 데리고 나갔을 때입니다. 그와의 데이트는 공동체 회의에 함께 가는 것이었습니다. 네, 참 로맨틱하죠. 그러나 우리가 처음 만났을 때, 버락은 공동체 주최자였습니다. 그는 사람들이 일자리를 찾는 것을 돕고, 하루하루를 힘겹게 사는 동네에 자원을 끌어들이려고 노력했습니다. 그는 이 공동체 센터에서 주민들에게 이야기할 때, 두 가지 개념에 대해서 언급했습니다. 그는 '현재의 세상'과 '그래야만 하는 세상'에 대해 이야기했습니다.

And I talked about this throughout the entire campaign. What he said, that all too often, is that we accept the distance between those two ideas. And sometimes we settle for the world as it is, even when it doesn't reflect our values and aspirations. But Barack reminded us on that day, all of us in that room, that we all know what our world should look like. We know what fairness and justice and opportunity look like. We all know. And he urged the people in that meeting, in that community, to devote themselves to closing the gap between those two ideas, to work together to try to make the world as it is and the world as it should be, one and the same.

And I think about that today because I am reminded and convinced that all of you in this school are very important parts of closing that gap. You are the women who will build the world as it should be. You're going to write the next chapter in history. Not just for yourselves, but for your generation and generations to come. And that's why getting a good education is so important. That's why all of this that you're going through — the ups and the downs, the teachers that you love and the teachers that you don't — why it's so important. Because communities and countries and ultimately the world are only as strong as the health of their women. And that's important to keep in mind.

Check the Vocabulary

all too often 아주 자주 | reflect 반영하다 | aspiration 열망 | fairness 공정함 | devote oneself to ~에 헌신하다 | close gap between A and B A와 B 사이의 차이를 메우다

그리고 저는 선거 캠페인 동안 이것에 대해 이야기했습니다. 그가 아주 자주 말했던 것은 우리가 이 두 개의 개념 사이의 차이를 받아들인다는 것이었습니다. 그리고 때로 우리는 우리의 가치와 열망을 반영하고 있지 못할 때조차, 있는 그대로의 세상에 안주합니다. 그러나 버락은 그날, 그 방에 있는 우리 모두에게 우리가 속한 세상이 어때야 하는지 우리가 알고 있다는 것을 상기시켜 주었습니다. 우리는 공정함과 정의 그리고 기회가 어떤 것인지 알고 있습니다. 우리 모두는 압니다. 버락은 그 공동체 회의에 참석한 사람들에게 이 두 개념 사이의 간격을 메우기 위해 헌신할 것과, 서로 협력해서 '현재의 세상'과 '그래야만 하는 세상'이 하나의 동일한 세상이 되도록 노력할 것을 촉구했습니다.

그리고 오늘 저는 이것에 대해 생각합니다. 이는 이 학교의 졸업생 여러분 모두가 이 차이를 메워 줄 중요한 역할들이라는 점을 떠올리며 확신합니다. 여러분은 그래야만 하는 세상을 세우는 바로 그 여성들입니다. 여러분은 역사의 다음 장을 쓸 것입니다. 자기 자신뿐 아니라 여러분 세대와 앞으로 다가올 세대를 위한 역사의 장을 말이죠. 그래서 좋은 교육을 받는 것은 아주 중요합니다. 그래서 좋을 때와 나쁠 때, 여러분들이 좋아하는 선생과 그렇지 않은 선생 등 여러분이 겪고 있는 이 모든 것은 아주 중요합니다. 그 이유는 공동체, 나라 그리고 궁극적으로 세계가 여성의 건강만큼만 강할 수 있기 때문입니다. 이것을 마음에 새기는 것이 중요합니다.

Check the Vocabulary

be convinced that S V that 이하를 확신하다 | **that is why** 그래서 ~이다 | **the ups and the downs** 좋을 때와 나쁠 때 | **ultimately** 궁극적으로 | **keep in mind** 마음에 새기다

Part of that health includes an outstanding education. The difference between a struggling family and a healthy one is often the presence of an empowered woman or women at the center of that family. The difference between a broken community and a thriving one is often the healthy respect between men and women who appreciate the contributions each other makes to society. The difference between a languishing nation and one that will flourish is the recognition that we need equal access to education for both boys and girls.

Check the Vocabulary

outstanding 뛰어난 | **presence** 존재, 있음 | **empowered** 능력을 갖춘 | **appreciate** 인정하다, 평가하다, 감상하다 | **languishing** 차츰 쇠약해지는 | **flourish** 번영하다 | **access to** ~에 대한 접근

건강의 일부분은 바로 뛰어난 교육을 포함합니다. 하루하루 힘겨운 가정과 건강한 가정 사이의 차이점은 종종 바로 그 가정의 중심에 있는 능력을 갖춘 여성의 존재 유무입니다. 붕괴된 공동체와 번성하는 공동체의 차이점은 종종 남녀 모두가 사회에 공헌하는 것을 인정하는 서로 간의 건강한 존중의 유무입니다. 침체한 나라와 번영하는 나라 사이의 차이점은 남자와 여자아이 모두 동등하게 교육에 접근할 필요성이 있음에 대한 인식의 유무입니다.

SPEECH
15

Amy Poehler's Harvard University Class Day Speech

에이미 포엘러의 하버드 대학교 졸업 기념 행사일 연설

2011년 5월 25일, 하버드 대학교

에이미 포엘러

교사인 부모 밑에서 매사추세츠의 뉴톤에서 태어났다. 보스턴 대학 시절 캐릭터 중심의 스케치 코미디(sketch comedy)에 처음 참여하기 시작했다. 1993년 시카고로 건너가 코미디 센트럴(Comedy Central) 쇼의 원형인 업라이트 시티즌스 브리게이드(Upright Citizen's Brigade)에 들어가게 된다. 오늘날 업라이트 시티즌스 브리게이드 극장은 스탠드업 코미디와 스케치 코미디의 주도적인 장소 중 하나로 손꼽힌다. 2001년에 새터데이 나이트 라이브(Saturday Night Live)에서 정규 출연자로 자리매김을 하고, 최근에는 정치 풍자를 소재로 티나 페이(Tina Fey)와 짝을 이뤄 힐러리 클린턴을 따라 하는 즉흥 연극을 통해 많은 웃음을 자아내고 있다.

All I can tell you today is what I have learned. What I have discovered as a person in this world. And that is this: you can't do it alone. As you navigate through the rest of your life, be open to collaboration. Other people and other people's ideas are often better than your own.

Find a group of people who challenge and inspire you, spend a lot of time with them, and it will change your life. No one is here today because they did it on their own. Okay, maybe Josh, but he's just a straight up weirdo. You're all here today because someone gave you strength. Helped you. Held you in the palm of their hand. God, Allah, Buddha, Gaga — whomever you pray to.

They have helped you get here, and that should make you feel less alone. And less scared. Because it has been a scary ten years. You were young children when you watched planes hit the World Trade Center. You quickly understood what it was like to feel out of control. Your formative teenage years were filled with orange alerts and rogue waves and unaccomplished missions.

Check the Vocabulary

navigate through ～을 통해서 항해하다, 헤쳐 나가다 | **collaboration** 협력 | **on one's own** 스스로, 혼자서 | **straight up** 말한 그대로 | **weirdo** 이상한 사람 | **in the palm of** ～의 손아귀에

오늘 제가 말씀드릴 수 있는 것은 제가 지금까지 배운 것입니다. 이 세상에 태어난 한 사람으로서 제가 배운 것이죠. 바로, 사람은 혼자서는 할 수 없다는 겁니다. 여러분이 남은 인생을 헤쳐 나가면서 협력에 열린 마음을 가져야 합니다. 다른 사람과 다른 사람의 아이디어는 종종 여러분 혼자의 것보다 낫습니다.

여러분에게 도전과 영감을 주는 사람들을 찾고, 이들과 많은 시간을 보내세요. 그러면 이것이 당신의 삶을 변화시킬 겁니다. 어느 누구도 자기 혼자만의 능력으로 인해 오늘 여기에 있는 것이 아닙니다. 그래요. 조시면 또 모르죠. 하지만 그는 단지 말 그대로 이상한 친구일 뿐이죠. 여러분 모두가 오늘 여기 있을 수 있는 이유는 누군가 당신에게 힘을 주었기 때문입니다. 당신을 도와주었고, 그들의 손바닥 안에서 당신을 잡아 주고 있었던 것이죠. 하나님, 알라, 부다, 레이디 가가 등 당신이 기도하는 누구든지 간에요.

그들은 당신이 여기까지 오는 데 도움을 줬습니다. 그리고 그 사실은 당신이 홀로임을 덜 느끼게 만듭니다. 그리고 두려움을 덜 느끼게 만들죠. 지난 10년은 무서운 10년이었습니다. 비행기가 세계무역센터를 들이받은 사고를 영상으로 보았을 때 여러분은 어린아이였습니다. 여러분은 통제력을 잃게 된다는 것이 무엇인지를 재빨리 이해했습니다. 여러분의 성장기에 해당하는 10대는 황색 경보와 악당들의 물결 그리고 미완성의 임무로 가득했습니다.

Check the Vocabulary

scared 두려운 | hit 부딪히다, 박다 | what it is like to ~하는 것이 어떤 것인지 | be filled with ~로 가득 차 있다 | rogue wave 악당의 물결 | unaccomplished 미완성의

For my generation, it was AIDS. We all grow up afraid of something. Your generation had to get used to taking off your shoes at the airport. My generation had to get used to awkward PSAs from Boyz2men telling us to use protection. But during those tough times, we realized how wonderful it felt to be part of a group.

But more about me. I moved to Chicago in the early 1990s and I studied improvisation there. I learned some rules that I try to apply still today: Listen. Say "yes." Live in the moment. Make sure you play with people who have your back. Make big choices early and often. Don't start a scene where two people are talking about jumping out of a plane. Start the scene having already jumped. If you are scared, look into your partner's eyes. You will feel better.

This advice has come in handy and it would often be something I would think about when I would perform on Saturday Night Live. Live television can be very nerve-wracking and I remember one time being nervous, looking into the eyes of the host and feeling better. I should point out I was wearing a chicken suit at the time. The host was Donald Trump. He was wearing a bigger, more elaborate chicken suit. I looked into his eyes, I saw that he looked really stupid, and I instantly felt better.

Check the Vocabulary

get used to ~에 익숙하다 | **take off** 벗다 | **awkward** 어색한, 익숙하지 않은 | **protection** 보호, 콘돔 | **tough times** 어려운 시기 | **be part of** ~에 소속되다 | **improvisation** 즉흥 연기

저희 세대에게, 이것은 에이즈였습니다. 우리 모두는 무언가를 두려워하면 성장합니다. 여러분 세대는 공항에서 신발을 벗는 것에 익숙해져야만 했습니다. 저희 세대는 피임기구를 사용하라고 말하는 보이즈 투 맨의 어색한 공익광고에 익숙해져야만 했습니다. 그러나 이러한 어려운 시기 동안, 우리는 특정 단체에 소속되는 느낌이 얼마나 좋은 것인지 깨달았을 겁니다.

이제 저에 대해서 좀 더 이야기하죠. 저는 1990년대 초에 시카고로 이사를 했습니다. 그리고 저는 거기서 즉흥 연기를 공부했습니다. 여전히 지금도 적용할 수 있는 몇 가지 법칙을 배웠습니다. 들어 보세요. "네."라고 말하세요. 주어진 순간을 충분히 누리세요. 당신을 지지해 주는 사람들과 함께 일하도록 하세요. 일찍 그리고 종종 중요한 선택을 하세요. 두 사람이 비행기에서 뛰어내리는 것에 대해서 이야기하는 장면으로 시작하지 마세요. 이미 뛰어내린 장면에서 시작하세요. 만약 무섭다면, 파트너의 눈을 보세요. 기분이 나아질 겁니다.

이 충고는 제게 도움이 되었습니다. 제가 SNL에서 공연을 할 때도 이 충고를 생각하곤 했습니다. 생방송 TV는 굉장히 스트레스가 많은 피로한 작업입니다. 저는 한 번 초조했을 때가 있었는데, 진행자의 눈을 들여다보면서 마음이 차분해진 것을 기억합니다. 저는 그때 치킨 옷을 입고 있었음을 알려드립니다. 진행자는 도널드 트럼프였습니다. 그는 더 크고 정교한 치킨 옷을 입고 있었죠. 저는 그의 눈을 보고, 그가 정말 바보처럼 보인다는 것을 인식하고는 즉시 기분이 나아졌습니다.

Check the Vocabulary

look into ~ 안을 자세히 살펴보다 | come in handy 유용하다, 쓸모 있다 | nerve-wracking 신경을 거스르는, 스트레스가 많은 | host 진행자 | elaborate 정교한

See how that works? I should point out that that sketch was written by a Harvard graduate and also a graduate from Northwestern — but who cares about that. Am I right?

I cannot stress enough that the answer to a lot of your life's questions is often in someone else's face. Try putting your iPhones down every once in a while and look at people's faces. People's faces will tell you amazing things. Like if they are angry or nauseous, or asleep.

point out 지적하다 | care about ~에 대해서 신경 쓰다 | care 신경 쓰다 | Am I right? 제가 옳지 않나요?(옳다는 표현) | cannot ~ enough 아무리 ~해도 부족하다(지나침이 없다)

어떻게 효과를 볼 수 있는지 보셨나요? 그 스케치 코미디(촌극)는 하버드 졸업생과 노스웨스턴 졸업생이 썼다는 것을 지적하고 싶습니다. 그런데 누가 그걸 신경 쓰나요. 제 말이 맞죠?

여러분의 삶의 문제에 대한 답변이 종종 다른 사람의 얼굴에 있다는 것은 아무리 강조해서 지나침이 없습니다. 때때로 여러분의 아이폰을 내려놓고, 다른 사람의 얼굴을 보십시오. 사람들의 얼굴은 당신에게 놀라운 것을 말해 줍니다. 그들이 화가 났는지, 기분이 나쁜지 또는 잠이 오는지와 같은 것을요.

Check the Vocabulary

every once in a while 때때로 | **nauseous** 기분 나쁜, 불쾌한

SPEECH

16

Mary Fisher's Republican National Convention Address

메리 피셔의 미국 공화당 전당대회 연설

1992년 8월 19일, 휴스턴

메리 피셔

HIV(인간 면역 결핍 바이러스, 에이즈)에 감염된 메리 피셔는 예술가이자 작가, 연설가로 전 세계를 돌아다니며 HIV에 감염된 사람들을 위해 일하고 있다. 본 연설은 그녀가 HIV에 감염된 사람에게는 용기, 주변 사람들에게는 연민과 포용의 메시지를 통해 수많은 사람들에게 감동을 주었던 명연설 중 하나다. 미국의 소설가 노먼 메일러는 이 연설을 다음과 같이 평했다. "그녀가 그날 밤 천사와 같이 연설을 할 때, 참가자들 모두, 아마 국가 또한 눈물을 흘렸다(When Mary Fisher spoke like an angel that night, the floor was in tears and conceivably the nation as well)." 메리 피셔의 연설은 미국 정치인들로부터 20세기 가장 영향력 있는 명연설 중 하나로 뽑혔다.

아프리카에서 HIV에 감염된 여성들이 자기 자신과 가족들을 부양할 수 있도록 페어 윈즈 트레이딩(Fair Winds Trading, Inc)을 통해 수입한 자재를 바탕으로 르완다와 잠비아의 여성들에게 팔찌를 만드는 법을 가르쳤다. 미국에서 에이즈 치료 연구소인 메리 피셔 보호기금을 설립하고, HIV에 감염된 상태로 살아가는 사람들, 특히 여성들을 위한 치료 연구를 지원하고 있다.

In the context of an election year, I ask you, here in this great hall, or listening in the quiet of your home, to recognize that AIDS virus is not a political creature. It does not care whether you are Democrat or Republican; it does not ask whether you are black or white, male or female, gay or straight, young or old.

Tonight, I represent an AIDS community whose members have been reluctantly drafted from every segment of American society. Though I am white and a mother, I am one with a black infant struggling with tubes in a Philadelphia hospital. Though I am female and contracted this disease in marriage and enjoy the warm support of my family, I am one with the lonely gay man sheltering a flickering candle from the cold wind of his family's rejection.

This is not a distant threat. It is a present danger. The rate of infection is increasing fastest among women and children. Largely unknown a decade ago, AIDS is the third leading killer of young adult Americans today. But it won't be third for long, because unlike other diseases, this one travels. Adolescents don't give each other cancer or heart disease because they believe they are in love, but HIV is different; and we have helped it along. We have killed each other with our ignorance, our prejudice, and our silence.

Check the Vocabulary

in the context of ~라는 상황에서 | **recognize** 인식하다 | **creature** 산물 | **straight** 이성애자 | **represent** 대표하다 | **draft** 뽑다, 선출하다 | **struggle** 싸우다, 투쟁하다

선거가 있는 해라는 상황에서 저는 이 커다란 홀에서 또는 집에서 조용히 듣고 계신 여러분이 에이즈 바이러스는 정치적 산물이 아님을 인식할 것을 요청합니다. 에이즈는 당신이 민주당이든 공화당이든 신경쓰지 않습니다. 흑인이든 백인이든, 남자든 여자든, 동성애자든 이성애자든, 젊든 늙었든 말이죠.

오늘 밤, 저는 미국 사회의 모든 분야에서 마지못해 뽑힌 구성원으로 이루어진 에이즈 공동체를 대표합니다. 비록 저는 백인이고 한 어머니이지만, 필라델피아의 한 병원에서 튜브를 꼽고 투병 중인 한 흑인 아이가 있는 어머니입니다. 비록 저는 여성이고, 결혼한 상태에서 이 질병에 걸렸지만, 제 가족의 따뜻한 지원을 누렸습니다. 지금 저는 가족의 거부라는 차가운 바람으로부터 깜빡이는 촛불을 숨기는 쓸쓸한 게이 남자와 함께 있습니다.

이것은 먼발치의 위험이 아닙니다. 이것은 지금 일어나고 있는 위험입니다. 여성과 아이들 사이에서 감염률이 급속하게 증가하고 있습니다. 10년 전에는 거의 알려지지 않았던 에이즈가 오늘날 미국의 젊은이들을 죽음으로 내모는 세 번째 주범입니다. 그러나 오랫동안 세 번째로 머물지는 않을 겁니다. 그 이유는 다른 질병과 달리 에이즈가 전염성이 있기 때문입니다. 청소년들은 자신이 사랑에 빠졌다고 믿기 때문에 서로에게 암 또는 심장질환을 전염시키지 않는다고 믿지만, HIV는 다릅니다. 그리고 우리는 이를 함께 도와 왔습니다. 우리는 우리의 무지, 편견 그리고 침묵으로 서로를 죽여 왔습니다.

Check the Vocabulary

contract (비교적 중병에) 걸리다 | **shelter** 숨기다 | **flickering** 깜빡이는 | **rejection** 거부 반응, 거절 | **infection** 감염 | **travel** 퍼지다, 전파되다 | **ignorance** 무지 | **prejudice** 선입견

16-02

We may take refuge in our stereotypes, but we cannot hide there long, because HIV asks only one thing of those it attacks. Are you human? And this is the right question. Are you human? Because people with HIV have not entered some alien state of being. They are human. They have not earned cruelty, and they do not deserve meanness. They don't benefit from being isolated or treated as outcasts. Each of them is exactly what God made: a person; not evil, deserving of our judgment; not victims, longing for our pity – people, ready for support and worthy of compassion.

My call to you, my Party, is to take a public stand, no less compassionate than that of the President and Mrs. Bush. They have embraced me and my family in memorable ways. In the place of judgment, they have shown affection. In difficult moments, they have raised our spirits. In the darkest hours, I have seen them reaching not only to me, but also to my parents, armed with that stunning grief and special grace that comes only to parents who have themselves leaned too long over the bedside of a dying child.

take refuge in ～에 은신하다 | stereotype 고정관념 | alien 색다른, 이질적인 | deserve ～받을 가치가 있다 | outcast 추방자 | long for ～을 갈망하다 | worthy of ～의 가치가 있는 | call 요청

우리는 고정관념 속에서 은신할 수 있지만, 거기서 오랫동안 숨어 있을 수는 없습니다. 이는 HIV가 이것이 공격하는 것들 중 단지 하나이기 때문입니다. 인간인가요? 이는 바른 질문입니다. 인간인가요? 왜냐하면 HIV를 가진 사람들은 어떤 외계의 존재가 된 것이 아닙니다. 이들은 인간입니다. 이들은 잔인한 일을 하지 않았고, 비열한 대우를 받을 일을 한 것도 아닙니다. 이들이 고립되거나 추방자로 취급당한다고 해서 득을 얻지 못합니다. 이들 각자는 정확히 신의 창조물입니다. 사람입니다. 우리의 판단을 받아야 하는 악한 존재가 아닙니다. 우리의 동정을 갈구하는 희생자가 아닙니다. 지지를 받을 준비가 되어 있고, 동정심을 받을 가치가 있는 사람입니다.

제가 속한 당에 소속된 여러분에게 드리고자 하는 저의 요청은 부시 대통령 부부가 보여 주었던 동정심과 같은 자비로운 공적 입장을 취하라는 것입니다. 두 분은 인상적인 방식으로 저와 제 가족을 받아들였습니다. 판단 대신, 두 분은 애정을 보였습니다. 어려운 시기에 두 분은 우리의 정신을 고양시켰습니다. 어두운 시기에 저는 두 분이 죽어가는 아이의 침상 옆에서 오랫동안 스스로 몸소 기대 살아온 부모에게만 다가오는 그런 엄청난 슬픔과 특별한 은총으로 무장한 채 저뿐 아니라 저의 부모님에게 다가오는 것을 보았습니다.

Check the Vocabulary

take a public stand 공적인 입장을 취하다 | **in the place of** ～ 대신 | **armed with** ～로 무장한 |
stunning 놀라게 하는, 놀랄 만큼 아름다운 | **bedside** 침상 옆

Elizabeth Glaser's Democratic National Convention Address

엘리자베스 글레이저의 미국 민주당 전당대회 연설

1992년 7월 14일, 뉴욕

엘리자베스 글레이저

엘리자베스 글레이저(Elizabeth Glaser)는 에이즈에 감염된 사람들에게 지대한 공헌을 했다. HIV에 감염된 자신의 아이들을 구하기 위해 1988년에 소아 에이즈 재단(Pediatric AIDS Foundation, PAF)을 설립했는데, 이 단체는 오늘날까지 5천만 달러 이상의 기금을 모금했다.

글레이저는 임신 중 수혈을 하는 중에 HIV에 감염되었고, 모유 수유를 통해 자신의 딸 아리얼(Ariel)도 HIV에 감염되었는데, 아이는 이후 에이즈로 유명을 달리한다. 몇 년 후, 둘째 아들 제이크(Jake)는 자궁 내에서 HIV에 감염되지만, HIV의 증상을 보이지 않고 있다.

글레이저는 수잔 로렌티스(Susan De Laurentis)와 수지 지간(Susie Zeegan)과 함께 창설한 PAF 활동으로 대중 앞에 모습을 드러내기 시작했다. 1990년 2월에는 CBS 간판 시사프로그램인 〈60 Minutes〉에 출연하였고, 1992년에는 민주당 전당대회에서 감동적인 연설을 하게 되었다. UCLA 메달과 뉴욕 시티 칼리지에서 수여하는 인도주의상을 받았다.

17-01

When you cry for help and no one listens, you start to lose your hope. I began to lose faith in America. I felt my country was letting me down — and it was. This is not the America I was raised to be proud of. I was raised to believe that other's problems were my problems as well. But when I tell most people about HIV, in hopes that they will help and care, I see the look in their eyes: "It's not my problem," they're thinking. Well, it's everyone's problem and we need a leader who will tell us that. We need a visionary to guide us — to say it wasn't all right for Ryan White to be banned from school because he had AIDS, to say it wasn't alright for a man or a woman to be denied a job because they're infected with this virus. We need a leader who is truly committed to educating us.

I believe in America, but not with a leadership of selfishness and greed — where the wealthy get health care and insurance and the poor don't. Do you know — Do you know how much my AIDS care costs? Over 40,000 dollars a year. Someone without insurance can't afford this. Even the drugs that I hope will keep me alive are out of reach for others. Is their life any less valuable? Of course not. This is not the America I was raised to be proud of — where rich people get care and drugs that poor people can't. We need health care for all. We need a leader who will say this and do something about it.

Check the Vocabulary

cry for help 울부짖으며 도움을 구하다 | **lose faith in** ~을 신뢰하는 마음을 잃다 | **let down** 실망시키다 | **look** 표정 | **visionary** 비전을 가진 사람 | **be infected with** ~에 감염되다

당신이 울부짖으며 도움을 구하지만 누구도 듣지 않을 때, 당신은 희망을 잃기 시작합니다. 저는 미국에 대한 신뢰를 잃기 시작했습니다. 저는 조국이 저를 실망시켰다고 느꼈으며, 실제로 그러했습니다. 이 나라는 제가 자랑스럽게 여기며 자란 미국이 아닙니다. 저는 다른 사람의 문제는 또한 나의 문제라고 믿으며 자랐습니다. 그러나 제가 대부분의 사람들에게 도움과 관심을 희망하면서 HIV에 대해서 말할 때, 이들의 눈에서 표정을 읽었습니다. "이것는 내 문제가 아니야."라고 생각하는 것을요. 음, 이것는 모든 사람의 문제이며, 이 사실을 우리에게 가르쳐 주는 지도자가 필요합니다. 우리를 인도해 주는 비전을 가진 사람이 필요해요. 라이언 화이트가 에이즈에 걸렸다고 해서 학교를 다니지 못하는 것은 옳지 못하고 말하는, 어떤 남자 또는 어떤 여자가 이러한 질병에 감염되었다고 해서 일자리를 거부당하는 것은 옳지 않다고 말해 주는 사람이요. 우리는 우리에게 참교육을 전해 주는 데 진심으로 헌신하는 지도자가 필요합니다.

저는 미국을 믿지만, 부자만이 보건 진료와 의료보험의 혜택을 누리고 가난한 사람은 그렇지 못한, 이기심과 욕심의 리더십만이 존재하는 미국은 믿지 않습니다. 여러분은 제 에이즈 치료 비용이 얼마인지 아십니까? 연간 4만 달러가 넘습니다. 보험이 없는 사람은 이 비용을 감당할 수 없죠. 저의 생명을 유지시켜 준다고 희망하는 약조차 다른 사람들에겐 손에 닿을 수 없는 것입니다. 이들의 삶이 가치가 덜하다는 건가요? 물론 아닙니다. 이 나라는 제가 자랑스럽게 여기며 자란 미국이 아닙니다. 부자들만이 가난한 사람들은 구할 수 없는 치료와 약을 얻는 나라 말이죠. 우리 모두를 위한 의료보험이 필요합니다. 이를 주장하고, 이에 대해서 조치를 취하는 지도자가 필요합니다.

165

I believe in America, but not a leadership that talks about problems but is incapable of solving them — two HIV commission reports with recommendations about what to do to solve this crisis sitting on shelves, gathering dust. We need a leader who will not only listen to these recommendations, but implement them.

I believe in America, but not with a leadership that doesn't hold government accountable. I go to Washington to the National Institutes of Health and say, "Show me what you're doing on HIV." They hate it when I come because I try to tell them how to do it better. But that's why I love being a taxpayer, because it's my money and they must feel accountable.

I believe in an America where our leaders talk straight. When anyone tells President Bush that the battle against AIDS is seriously under-funded, he juggles the numbers to mislead the public into thinking we're spending twice as much as we really are. While they play games with numbers, people are dying.

Check the Vocabulary

be incapable of ~할 능력이 없다 | **commission report** 위원회 보고서 | **implement** 실천하다, 실행하다 | **talk straight** 바른 말을 하다 | **the battle against AIDS** 에이즈와의 전쟁

저는 미국을 신뢰하지만, AIDS 문제에 대해서 논의만 하고 이를 해결할 능력이 없는 리더십은 신뢰하지 않습니다. 이 위기를 해결하기 위해 무엇을 해야 하는지에 대한 의견이 담긴 두 HIV 위원회 보고서는 선반 위에 놓여 먼지만 쌓여 갑니다. 우리는 이러한 추천을 귀담아들을 뿐 아니라 이것들을 실천할 수 있는 지도자가 필요합니다.

저는 미국을 신뢰하지만, 정부가 감당해야 할 책임을 지지 않는 리더십을 가진 미국은 신뢰하지 않습니다. 저는 워싱턴에 있는 국립건강원에 가서 "HIV에 대해서 하시는 일이 무엇인지 보여 주십시오."라고 말합니다. 이들은 제가 어떻게 하면 더 잘할 수 있을지 이들에게 말하기 때문에 제가 온 것을 싫어합니다. 그러나 이래서 저는 납세자인 것을 꺼리지 않습니다. 왜냐하면 제가 세금을 내기에 이들은 책임감을 느껴야 하기 때문입니다.

저는 우리의 지도자가 바른 말을 하는 미국을 믿습니다. 누군가 에이즈와의 전쟁에 대한 재정지원이 심각하게 부족하다고 부시 대통령에게 말할 때, 그는 우리가 현재 실질적으로 두 배 이상 많은 돈을 쓰고 있다고 생각하게끔 대중을 오도하기 위해 수치를 조작합니다. 이들이 숫자놀이를 할 때, 사람들은 죽어가고 있습니다.

Check the Vocabulary

under-funded 재정지원이 부족한 | **juggle** 속이다, 사취하다 | **mislead A into B** B하도록 A를 오도하다 | **play games with** ~를 가지고 장난치다, 속이다

I believe in America, but an America where there is a light in every home. A thousand points of light just wasn't enough: My house has been dark for too long. Once every generation, history brings us to an important crossroads. Sometimes in life there is that moment when it's possible to make a change for the better. This is one of those moments. For me, this is not politics. This is a crisis of caring.

In this hall is the future — women, men of all colors saying, "Take America back." We are — We are just real people wanting a more hopeful life. But words and ideas are not enough. Good thoughts won't save my family. What's the point of caring if we don't do something about it? A President and a Congress that can work together so we can get out of this gridlock and move ahead, because I don't win my war if the President cares and the Congress doesn't, or if the Congress cares and the President doesn't support the ideas. The people in this hall this week, the Democratic Party, all of us can begin to deliver that partnership, and in November we can all bring it home.

crossroad 갈림길 | **make a change for the better** 더 나은 변화를 추구하다 | **crisis** 위기 | **women, men of all colors** 모든 인종의 남녀 | **take back** 되돌리다

저는 미국을 믿지만, 모든 가정에 빛이 있는 미국을 믿습니다. 천 개의 불빛만으로 충분하지 않았습니다. 저희 집은 지나치게 오랫동안 어두웠습니다. 모든 세대마다 역사는 우리에게 중요한 갈림길을 제시합니다. 때로 인생에서 더 나은 변화를 추구하는 것이 가능한 바로 그 순간이 있습니다. 지금이 그 순간들 중 하나입니다. 저에게 이것은 정치 문제가 아닙니다. 이것은 보살핌의 위기입니다.

이 강당에 미래는 있습니다. 모든 인종의 남녀가 말합니다. "미국을 되돌려 주세요." 우리는 단지 더 희망찬 삶을 원하는 정상적인 사람입니다. 그러나 말과 아이디어만으로는 충분하지 않습니다. 좋은 생각만으로는 저희 가족을 살릴 수 없습니다. 만약 이것에 대해 아무런 조치도 취하지 않는다면 관심이 무슨 소용이 있겠습니까? 대통령과 국회가 함께 노력하여, 우리는 이 교착 상태에서 빠져나와 전진해야 합니다. 만약 대통령이 관심을 보이지만 국회가 그렇지 않거나, 혹은 국회는 관심을 보이지만 대통령이 이 계획을 지지하지 않는다면, 저는 이 전쟁에서 이길 수 없습니다. 이번 주 이 강당에 모인 민주당원 우리 모두가 이 협력관계를 달성하는 데 힘을 모을 수 있으면, 11월에 그 계획을 우리 가정 내에 들일 수 있습니다.

Check the Vocabulary

what's the point of ~가 무슨 소용이 있는가? | Congress 국회 | get out of ~에서 빠져나오다 |
gridlock 교착 상태, 교통 정체 | the Democratic Party 민주당 | deliver 성취하다, 달성하다

My daughter lived seven years, and in her last year, when she couldn't walk or talk, her wisdom shone through. She taught me to love, when all I wanted to do was hate. She taught me to help others, when all I wanted to do was help myself. She taught me to be brave, when all I felt was fear. My daughter and I loved each other with simplicity. America, we can do the same. This was the country that offered hope. This was the place where dreams could come true, not just economic dreams, but dreams of freedom, justice, and equality. We all need to hope that our dreams can come true. I challenge you to make it happen, because all our lives, not just mine, depend on it. Thank you.

Check the Vocabulary

shine through 빛을 발하다 | **with simplicity** 단순히, 꾸밈없이 | **come true** 실현되다 | **not just A but (also) B** A뿐 아니라 B도 | **challenge** 권유하다, ~하도록 의욕을 북돋우다, 고무하다

제 딸은 7년을 살았으며, 걸을 수도 말할 수도 없던 마지막 해에 딸아이의 지혜는 빛을 발했습니다. 제가 할 수 있는 것이라고는 증오뿐이었을 때, 딸아이는 제게 사랑을 가르쳐 줬습니다. 제가 하고자 했던 것이 단지 제 자신만을 돕고자 하는 것일 때, 딸아이는 제가 다른 사람을 돕도록 저를 일깨워 줬습니다. 제가 느끼는 감정이 오직 두려움밖에 없을 때, 딸아이는 제가 용감할 수 있도록 가르쳐 줬습니다. 딸과 저는 단순히 서로 사랑했습니다. 미국인들이여, 우리도 이같이 할 수 있습니다. 이 나라는 희망을 제공했던 나라였습니다. 이 나라는 꿈이 현실이 되는 장소였으며, 단지 경제적 꿈만이 아닌 자유, 평등 그리고 평등의 꿈이 실현될 수 있는 나라였습니다. 우리 모두는 우리의 꿈이 실현되기를 희망할 필요가 있습니다. 저는 이 꿈이 실현될 수 있도록 여러분에게 권고합니다. 저의 삶뿐 아니라 우리 모두의 삶이 이것에 달려 있기 때문입니다. 감사합니다.

Check the Vocabulary

depend on ~에 의존하다, 달려 있다

171

Geraldine Ferraro's Vice President Nomination Acceptance Address

제럴딘 페라로의 부통령 후보 수락 연설

1984년 7월 19일, 샌프란시스코

제럴딘 페라로

미국 여성이 투표권을 받은 1920년 이후 64년이 지난 뒤 제럴딘 페라로는 미국의 첫 번째 여성 부통령 후보로 출마한다. 비록 먼데일 민주당 대통령 후보와 함께 출마해 공화당에 큰 표 차이로 졌지만, 유리 천장이 깨졌다는 확인과 함께 남성과 동등한 여성의 정치적 입지라는 위대한 업적을 남기게 된다. 하원의원으로 '경제적 평등권' 법안을 발의하고, 낙태에 관한 연방정부의 재정적 지원을 지지했다.

8세 때 식당을 꾸리던 아버지가 식당 내 술 판매 허가권(Liquor License)와 관련해 재판을 받던 중 심장질환으로 숨지면서, 페라로는 스스로 '강한 사람'이 되어야 한다는 결심을 하게 되었다. 제대로 교육받지 못한 어머니는 어릴 때부터 페라로에게 교육의 중요성을 강조했으며, 명석한 그녀는 상급반 학생들과 함께 수학했다고 한다.

1978년 뉴욕 퀸즈 지역에서 연방하원의원(Representitive of the House)을 3회 역임하고, 정치인이 되기 전에는 교사와 변호사 일을 했다. 1993년부터 1996년까지 UN 인권 위원회의 클린턴 행정부 대사를 했고, CNN 방송의 크로스파이어(Crossfire)를 공동진행하기도 했다. 1998년 민주당 상원 예비선거에 출마하지만, 척 슈머 의원에게 패했다.

Last week, I visited Elmore, Minnesota, the small town where Fritz Mondale was raised. And soon Fritz and Joan will visit our family in Queens. Nine hundred people live in Elmore. In Queens, there are 2,000 people on one block. You would think we'd be different, but we're not. Children walk to school in Elmore past grain elevators; in Queens, they pass by subway stops. But, no matter where they live, their future depends on education, and their parents are willing to do their part to make those schools as good as they can be. In Elmore, there are family farms; in Queens, small businesses. But the men and women who run them all take pride in supporting their families through hard work and initiative. On the 4th of July in Elmore, they hang flags out on Main Street; in Queens, they fly them over Grand Avenue. But all of us love our country, and stand ready to defend the freedom that it represents.

Check the Vocabulary

grain elevator 큰 곡물창고 | no matter where 어디에 있든 간에 | depend on ~에 달려 있다 | do one's part 역할을 다하다 | as good as they can be 될 수 있는 한 좋게 | run 운영하다

지난주에 저는 프리츠 먼데일이 자란 미네소타의 작은 마을인 엘모어를 방문했습니다. 그리고 곧 프리트와 조안이 퀸즈에 있는 저의 가족을 방문할 것입니다. 900명의 사람들이 엘모어에 살고 있습니다. 퀸즈에는 한 블록에만 2,000명의 사람들이 있죠. 우리는 다를 것이라 생각하시겠지만, 그렇지가 않습니다. 엘모어의 아이들은 대형 곡물창고를 지나 학교까지 걸어갑니다. 퀸즈에선 지하철역을 지나치죠. 그러나 어디에 살든, 아이들의 미래는 교육에 달려 있습니다. 그리고 이들의 부모님들은 될 수 있는 한 좋은 학교를 만들기 위해서 기꺼이 자신의 역할을 합니다. 엘모어에는 가족 농장이 있습니다. 퀸즈에는 작은 사업체들이 있죠. 그러나 이것들을 운영하는 남녀 모두는 고된 노동과 솔선하는 정신을 통해 가족을 부양하는 데 자부심을 가집니다. 7월 4일 엘모어 사람들은 메인 스트리트에 깃발을 걸어 놓습니다. 퀸즈에서는 그랜드 애비뉴에서 깃발이 바람에 날립니다. 그러나 우리 모두는 나라를 사랑하고, 이 나라가 표방하는 자유를 옹호할 준비가 되어 있습니다.

take pride in ~에 자부심을 갖다 | **initiative** 솔선수범, 결단력 | **hang flags out** 깃발을 밖에 걸다 | **defend** 옹호하다, 방어하다

Americans want to live by the same set of rules. But under this administration, the rules are rigged against too many of our people. It isn't right that every year the share of taxes paid by individual citizens is going up, while the share paid by large corporations is getting smaller and smaller. The rules say: Everyone in our society should contribute their fair share. It isn't right that this year Ronald Reagan will hand the American people a bill for interest on the national debt larger than the entire cost of the federal government under John F. Kennedy. Our parents left us a growing economy. The rules say: We must not leave our kids a mountain of debt.

It isn't right that a woman should get paid 59 cents on the dollar for the same work as a man. If you play by the rules, you deserve a fair day's pay for a fair day's work. It isn't right that, if trends continue, by the year 2000 nearly all of the poor people in America will be women and children. The rules of a decent society say: When you distribute sacrifice in times of austerity, you don't put women and children first. It isn't right that young people today fear they won't get the Social Security they paid for, and that older Americans fear that they will lose what they have already earned. Social Security is a contract between the last generation and the next, and the rules say: You don't break contracts.

Check the Vocabulary

live by ~에 따라 살다 | **administration** 정부 | **be rigged against** ~에 불리하게 조작되다 |
corporation 기업 | **fair share** 공정한 몫 | **national debt** 국채

미국 사람들은 동일한 규칙에 따라 살기를 원합니다. 그러나 이 정부 아래서 이 규칙은 지나치게 많은 사람들에게 불리하게 조작되어 있습니다. 매년 시민 개인이 지불하는 세금의 몫이 증가하는 반면, 거대 기업이 지불하는 몫은 점점 줄어들고 있는데 이것은 옳지 않습니다. 규칙은 다음과 같습니다. '우리 사회의 모든 구성원은 공정한 몫을 분담한다.' 금년에 로날드 레이건이, 존 F. 케네디의 지휘 아래 연방정부의 전 체비용보다 더 많은 국채에 대한 이자 청구서를 미국 국민에게 건네는 것은 옳지 않습니다. 우리 부모님들은 우리에게 성장하는 경제를 물려주셨습니다. 규칙은 이러합니다. '우리는 우리 자녀에게 산더미 같은 빚을 남겨서는 안 된다.'

남성이 1달러를 버는 것을 기준으로 할 때 남성과 동일한 일을 하는 여성이 59센트만 받아야 하는 것은 옳지 않습니다. 만약 당신이 규칙에 따라 행한다면, 당신은 정당한 하루 일에 대한 정당한 하루 보수를 받아야 마땅합니다. 만약 이런 추세가 계속된다면, 2000년쯤에는 미국에서 가난한 사람들 대부분이 여성과 아이들이 될 것이며 이는 옳지 않습니다. 바른 사회의 규칙은 이러합니다. '긴축 재정의 시기에 희생을 분담한다면, 여성과 아이를 앞세우지 않는다.' 오늘날 젊은이들이 자신이 부담한 사회보장제도에 대해 보호받지 못할 것을 두려워하고, 나이든 사람들이 이미 벌어들인 것을 잃을 것을 두려워하게 두는 것은 옳지 못합니다. 사회보장제도는 지난 세대와 다음 세대 간의 계약이기에, 규칙은 다음과 같습니다. '계약은 깨지 않는다.'

Check the Vocabulary

the federal government 연방정부 | **play by the rules** 규칙에 따라 행동하다 | **deserve** ~받을 가치가 있다 | **distribute** 분담하다 | **social security** 사회보장 | **break contracts** 계약을 깨다

We are going to keep faith with older Americans. We hammered out a fair compromise in the Congress to save Social Security. Every group sacrificed to keep the system sound. It is time Ronald Reagan stopped scaring our senior citizens.

It isn't right that young couples question whether to bring children into a world of 50,000 nuclear warheads. That isn't the vision for which Americans have struggled for more than two centuries. And our future doesn't have to be that way. Change is in the air, just as surely as when John F. Kennedy beckoned America to a new frontier; when Sally Ride rocketed into space; and when Reverend Jesse Jackson ran for the office of President of the United States.

By choosing a woman to run for our nation's second highest office, you send a powerful signal to all Americans: There are no doors we cannot unlock. We will place no limits on achievement. If we can do this, we can do anything.

Check the Vocabulary

keep faith with ～와 신의를 지키다 | **hammer out a compromise** 타협을 이루다 | **sound** 적절한
| **bring children into a world of** ～라는 세상에 아이를 낳다 | **in the air** 기운이 감도는

우리는 나이든 미국인들과 신의를 지킬 것입니다. 우리는 사회보장제도를 유지하기 위해 국회에서 공정한 타협을 이뤘습니다. 모든 계층이 이 시스템이 적절하게 운영되도록 희생을 했습니다. 로날드 레이건은 우리 고령자들을 겁주는 행위를 멈추어야 할 때입니다.

젊은 커플들이 5만 개의 핵탄두로 가득한 이 세상에 아이를 낳을 것인지 고민하는 것은 옳지 않습니다. 이는 미국이 지난 2세기 이상 동안 투쟁해 왔던 비전이 아닙니다. 그리고 우리의 미래는 그런 식일 필요가 없습니다. 존 F. 케네디가 새로운 영역으로 미국을 이끌었을 때, 샐리 라이드가 우주로 날아갔을 때, 그리고 제시 잭스 목사가 미국 대통령직에 출마했을 때와 마찬가지로 지금 변화의 분위기가 감돌고 있습니다.

우리나라에서 두 번째로 높은 관직인 부통령직에 여성이 출마하도록 선택함으로써 여러분은 모든 미국인들에게 강력한 신호를 보내는 겁니다. 우리가 열 수 없는 문은 없습니다. 우리는 성취에 제약을 두지 않습니다. 만약 우리가 이렇게 할 수 있다면, 우리는 어떤 것이든 할 수 있습니다.

SPEECH

19

Sheryl Sandberg's Barnard College Commencement Speech

셰릴 샌드버그의 바너드 대학교 졸업식 연설

2011년 5월 17일, 바너드 대학교

셰릴 샌드버그

셰릴 샌드버그는 2008년부터 페이스북 최고운영책임자로 활동하고 있다. 셰릴은 페이스북이 현재와 같은 세계적 위상을 가지게 되기까지 가장 큰 공헌을 한 것으로 여겨진다. 판매, 마케팅, 비즈니스 개발, 인사, 대중정책 등을 직접 운영했다. 2001년부터 2008년까지 구글의 온라인 판매와 운영 부문의 부회장을 지냈다.

하버드대 경제학과를 졸업하고, 27세에 미국 재무장관의 보좌관을 맡았으며, 30대 초반에 구글 부사장직을 지냈다. 페이스북 최고운영책임자로 있으면서 모바일 광고 분야에 집중하는데, 광고의 틀을 단순화하고, 판매 담당자들을 직접 재교육하며, 마케터와 사용자 그리고 개발자 사이의 균형을 맞추기 위한 노력으로 마케터와 개발자 간 끝임 없는 대화를 이끌어 냄으로써 소비자의 요구에 가장 적합한 개발모형을 만들어 낸다.

19-01

You should also know that there are external forces out there that are holding you back from really owning your success. Studies have shown — and yes, I kind of like studies — that success and likeability are positively correlated for men and negatively correlated for women. This means that as men get more successful and powerful, both men and women like them better. As women get more powerful and successful, everyone, including women, likes them less.

I've experienced this firsthand. When I first joined Facebook, there was a well-read blog out in the Valley that devoted some incredibly serious pixels to trashing me. Anonymous sources called me a liar, two-faced, about to ruin Facebook forever. I cried some when I was alone, I lost a bunch of sleep. Then I told myself it didn't matter. Then everyone else told me it didn't matter, which just reminded me of one thing: they were reading it too. I fantasized about all kinds of rejoinders, but in the end, my best and only response was just to do my job and do it well. When Facebook's performance improved, the trash talk went away.

여러분은 또한 성공을 이루지 못 하도록 여러분을 방해하는 외적 요소가 존재함을 알아야 합니다. 연구에서 보여주는 바로는, 그래요 저는 연구를 좋아하죠. 성공과 호감도는 남자의 경우 긍정적인 상관관계가 있고, 여성은 부정적인 상관관계가 있었습니다. 이는 남성의 경우 더욱 성공하고 강해질수록, 남성과 여성이 모두 성공한 남성을 더 좋아한다는 것을 의미합니다. 여성이 더욱 강해지고 성공할수록, 여성을 포함한 모든 사람들이 성공한 여성을 덜 좋아합니다.

저는 이것을 직접 경험했습니다. 제가 처음 페이스북에 입사했을 때, 저를 비난하기 위해 만들어진 놀라울 정도로 고급 픽셀로 만들어진 블로그가 실리콘 밸리에 퍼져서 아주 널리 읽히고 있었습니다. 익명의 출처에서 저를 거짓말쟁이, 위선자 그리고 이제 곧 페이스북을 영원히 망치려고 하는 사람이라 불렀습니다. 저는 홀로 있을 때 상당히 울었으며, 잠을 이루지 못했습니다. 그런 다음, 저는 이 블로그는 나와 상관없다고 제 자신에게 말했습니다. 나중에 다른 사람들이 이 블로그는 문제가 되지 않는다고 말했는데, 이것은 저에게 한 가지를 상기시켜 주었습니다. 이들 또한 그 블로그를 읽고 있다는 것을요. 저는 거의 모든 종류의 반론을 상상했습니다. 하지만 결국 최선의 유일한 반응은 제가 할 일을 하고 그 일을 잘하는 것이었습니다. 페이스북의 실적이 향상되었을 때, 험담은 사라졌습니다.

Check the Vocabulary

incredibly 놀라울 정도로 | pixel 화소, 픽셀 | two-faced 이중인격의, 위선자의 | matter 중대한 관계가 있다 | rejoinder 대답, 응답, 반론 | performance 실적 | trash talk 험담, 독설

Do I believe I was judged more harshly because of my double-Xs? Yes. Do I think this will happen to me again in my career? Sure. I told myself that next time I'm not going to let it bother me, I won't cry. I'm not sure that's true. But I know I'll get through it. I know that the truth comes out in the end, and I know how to keep my head down and just keep working.

If you think big, if you own your own success, if you lead, it won't just have external costs, but it may cause you some personal sacrifice. Men make far fewer compromises than women to balance professional success and personal fulfillment. That's because the majority of housework and childcare still falls to women. If a heterosexual couple work full time, the man will do — the woman, sorry — the woman will do two times the amount of housework and three times the amount of childcare that her husband will do. From my mother's generation to mine, we have made far more progress making the workforce even than we have making the home even, and the latter is hurting the former very dramatically. So it's a bit counterintuitive, but the most important career decision you're going to make is whether or not you have a life partner and who that partner is. If you pick someone who's willing to share the burdens and the joys of your personal life, you're going to go further. A world where men ran half our homes and women ran half our institutions would be just a much better world.

Check the Vocabulary

harshly 냉혹하게 | **get through it** 이겨내다, 헤쳐 나가다 | **come out** 밝혀지다 | **keep one's head down** 조신하게 행동하다, 숨어 있다 | **think big** 야심[대망]을 품다

저의 배신으로 인해 더 가혹한 평가를 받았다고 믿느냐고요? 네. 이러한 상황이 제 이력에 다시 발생할 것이라고 생각하느냐고요? 물론이죠. 다음에는 이런 것들이 저를 괴롭히지 못하게 할 것이라고 제 자신에게 말했습니다. 저는 울지 않을 겁니다. 사실일지는 확신하지 못하지만, 저는 이것을 이겨 낼 것을 알고 있습니다. 저는 결국 진실이 밝혀진다는 것을 알고 있습니다. 저는 자중하며 묵묵히 일만 하는 방법을 알고 있습니다.

만약 당신이 야심을 품는다면, 스스로 성공을 성취한다면, 지도자의 자리에 있다면, 이는 단지 외적인 희생만 치르는 것은 아닙니다. 이것은 여러분에게 개인적인 희생을 요구합니다. 남자는 직업적인 성공과 개인의 자아실현의 균형을 잡기 위해 여성보다는 훨씬 적은 타협을 합니다. 그래서 대부분의 집안일과 육아는 여전히 여성의 임무가 되죠. 만약 이성 간의 커플이 풀타임으로 일한다면, 남자는, – 미안합니다. 여성은 – 여성은 남편이 하는 것보다 두 배의 집안일과 세 배의 육아를 하게 됩니다. 저희 어머니 세대부터 저희 세대까지 우리는 가정을 평등한 공간으로 만드는 것보다는 직장을 훨씬 더 평등하게 만들었습니다. 그리고 후자는 전자에게 아주 극적인 타격을 입히고 있습니다. 그래서 이는 약간 직관에 반하는 것이지만, 여러분이 내리는 가장 중요한 이력 결정은 인생의 반려자가 있느냐와 그 반려자가 누구냐 하는 것입니다. 만약 개인적인 삶의 부담과 기쁨을 기꺼이 함께 나누려는 사람을 선택한다면, 여러분은 더 성공할 수 있습니다. 남자가 우리 가정의 절반을 운영하고, 여성이 우리 기업의 절반을 운영하는 세상은 훨씬 더 나은 세상일 겁니다.

Check the Vocabulary

make a compromise 협상하다 | **the majority of** 대부분의 | **fall to** 임무(역할)가 되다 | **make progress** 진보하다 | **counterintuitive** 직관에 반하는 | **share the burdens** 부담을 나누다

I have a six-year-old son and a three-year-old daughter. I want more choices for both of them. I want my son to have the choice to be a full partner not just at work, but at home; and I want my daughter to have a choice to do either. But if she chooses work, to be well-liked for what she accomplishes. We can't wait for the term "work/life balance" to be something that's not just discussed at women's conferences.

Of course not everyone wants to jump into the workplace and rise to the top. Life is going to bring many twists and turns, and each of us, each of you, have to forge your own path. I have deep respect for my friends who make different choices than I do, who choose the really hard job of raising children full time, who choose to go part time, or who choose to pursue more nontraditional goals. These are choices that you may make some day, and these are fine choices.

Check the Vocabulary

not just[only] A but also B A뿐 아니라 B 또한 | **accomplish** 성취하다 | **conference** 회의, 협회 | **jump into** ~ 안으로 뛰어 들다 | **rise to the top** 최고의 자리에 오르다

저는 6살짜리 아들과 3살짜리 딸이 있습니다. 저는 이 아이들이 둘 다 더 많은 선택의 기회를 가졌으면 하고 바랍니다. 제 아들이 일터뿐 아니라 집에서 온전한 반려자가 되는 선택을 하기를 원합니다. 그리고 제 딸이 둘 중 어느 쪽이든 선택하기를 원합니다. 그러나 만약 딸아이가 일을 선택한다면, 자신이 성취한 것으로 인해 호의적인 대우를 받기를 원합니다. 우리는 단지 '직장과 삶의 균형'이라는 용어가 여성들이 주최하는 회의에서만 논의되는 것으로 그치지 않게 되기를 더는 기다릴 수 없습니다.

물론 모든 사람이 직장에 달려들어 최고의 자리에 오르기를 원하는 것은 아닙니다. 삶은 많은 우여곡절을 가져올 것이며, 우리 각자, 여러분 각자는 자신만의 길을 서서히 나아가야 합니다. 저는 아이를 키우는 전업주부로서 정말로 힘든 일을 선택한 친구나, 파트타임으로 일하는 것을 선택하거나, 좀 더 비전통적인 목적을 추구하는 것을 선택한, 저와는 전혀 다른 선택을 한 친구들에 대한 깊은 존경심을 가지고 있습니다. 이것들은 여러분이 어느 날 해야 할 선택이며, 이는 훌륭한 선택입니다.

twists and turns 우여곡절 **cf. ups and downs** 성쇠, 부침 | **forge** 만들다, 일구다 | **pursue** 추구하다

SPEECH

20

Meryl Streep's Barnard College Commencement Speech

메릴 스트립의 버나드 대학교 졸업식 연설

2010년 5월 17일, 버나드 대학교

메릴 스트립

〈악마는 프라다를 입는다〉로 유명한 메리 루이즈 메릴 스트립은 연극, 텔레비전, 영화 등 각종 매체에서 활동하는 미국의 여배우이다. 스트립은 할리우드에서 가장 재능 있고, 존경받는 여배우로 평가받고 있다.

스트립은 1971년에 세비야의 〈플레이보이(The Playboy of Seville)〉로 연극무대에 데뷔했고, 1977년에 〈줄리아(Julia)〉로 영화계에 데뷔했다. 1978년 〈디어 헌터(The Deer Hunter)〉로 아카데미상에 노미네이트되었으며, 1979년 〈크레이머 대 크레이머(Kramer vs. Kramer)〉에서는 관객들은 물론 평론가들에게도 좋은 평가를 받아, 아카데미 여우조연상을 수상했다. 그리고 1982년 〈소피의 선택(Sophie's Choice)〉으로 마침내 아카데미 여우주연상을 수상했다. 최근 2012년 아카데미 시상식에서 〈철의 여인(The Iron Lady)〉으로 생애 3번째 아카데미 여우주연상을 수상하였다.

20-01

You know, I gave a speech at Vassar 27 years ago. It was a really big hit. Everyone loved it, really. Tom Brokaw said it was the very best commencement speech he had ever heard and of course I believed this. You know it was much, much easier to construct than this one. It came out pretty easily because back then I knew so much. I was a new mother, I had two academy awards and it was all you know, coming together so nicely. I was smart and I understood boiler plate and what sounded good and because I had been on the squad in high school, earnest full-throated cheerleading was my specialty so that's what I did but now, I feel like I know about 1/16th of what that young woman knew. Things don't seem as certain today. Now I'm 60, I have four adult children who are all facing the same challenges you are.

Check the Vocabulary

give a speech 연설을 하다 | **commencement speech** 졸업 축사 | **construct** (이론·문장 등을) 구성하다 | **back then** 그 당시 | **come together** 합치다, 일치하다

아시다시피, 저는 27년 전에 바사(Vassar) 대학에서 연설을 했습니다. 그것은 정말로 인기가 좋았죠. 모든 사람이 그 연설을 좋아했습니다. 정말이요. 톰 브로코는 그가 지금껏 들었던 졸업식 연설 중에서 최고의 연설이라고 말했으며, 물론 저는 그것을 믿었습니다. 그리고 그것은 이번 연설보다 쓰기가 훨씬 쉬웠습니다. 아주 쉽게 내용이 나왔는데, 왜냐하면 그 당시 제가 아주 많은 것을 알고 있었기 때문입니다. 저는 아이를 둔 신참 엄마였고, 아카데미상을 두 개 받았으며, 이 모든 것이 아주 자연스럽게 합쳐졌습니다. 저는 똑똑했고, 올바른 것과 보편적 지식들을 이해하고 있었습니다. 그리고 저는 고등학교 때 치어걸팀 소속이었기에, 목청을 높여 힘껏 응원하는 것이 특기였습니다. 그래서 저는 그 활동을 했습니다. 그러나 지금 저는 그때 제가 알았던 것의 약 16분의 1 정도만 알고 있는 느낌입니다. 오늘날의 상황은 이전만큼 확실해 보이지 않습니다. 이제 저는 60이고, 여러분과 동일한 도전에 직면한 네 명의 어른 아이들을 데리고 있습니다.

How it makes things tough for your family and whether being famous matters really one bit, in the end, in the whole flux of time. I know I was invited here because of that. How famous I am. Oh how many awards I've won and while I am I am overweeningly proud of the work that, believe me, I did not do on my own. I can assure that awards have very little bearing on my own personal happiness. My own sense of well-being and purpose in the world. That comes from studying the world feelingly, with empathy in my work. It comes from staying alert and alive and involved in the lives of the people that I love and the people in the wider world who need my help. No matter what you see me or hear me saying when I'm on your TV holding a statuette spewing, that's acting.

Being a celebrity has taught me to hide but being an actor has opened my soul. Being here today has forced me to look around inside there for something useful that I can share with you and I'm really grateful you gave me the chance. You know you don't have to be famous. You just have to make your mother and father proud of you and you already have. Bravo to you. Congratulations.

Check the Vocabulary

flux 흐름, 유입 | overweeningly 자신만만하게, 거들먹거리면서 | have a bearing on ~와 관계가 있다 | sense of well-being 행복감 | empathy 감정 이입, 공감 | stay alert 깨어 있다

이것이 어떻게 당신의 가족을 힘들게 만드는지, 결국 도도한 시간의 흐름 속에서 유명해지는 것이 조금이라도 중요한 것인지. 제가 여기에 초대된 것은 이것 때문임을 알고 있습니다. 제가 유명해서지요. 제가 지금껏 받은 많은 상으로 인해서요. 그리고 저는 그 일을 조금 도가 지나칠 정도로 자랑스럽게 여깁니다. 그러나 그것은 저 혼자 힘만으로 한 것은 아닙니다. 상은 제 개인적 행복에 거의 영향을 주지 않았음을 장담할 수 있습니다. 내 자신의 행복감과 세상에서의 목적의식. 그것은 세상을 감정적으로 이해하고 공감하며 연구하는 것에서 비롯됩니다. 이는 내가 사랑하는 사람들과, 나의 도움이 필요한 더 넓은 세상의 사람들의 삶에 계속 주의 깊고 생동감 있게 참여하는 것에서 오는 것입니다. 당신이 TV에서 내가 상을 들고 연설하는 모습을 보거나 듣더라도, 그것은 연기입니다.

유명인이 된 것은 저에게 (세상으로부터) 도피하는 것을 가르쳐 주었지만, 진정한 배우가 된 것은 저의 영혼을 열어 주었습니다. 오늘 이곳에 와서 저는 여러분과 나눌 수 있는 뭔가 유익한 것을 위해 제 영혼의 내면을 들여다볼 수 있게 되었습니다. 저는 여러분이 저에게 이러한 기회를 제공해 준 것에 정말 감사하게 생각합니다. 여러분도 아시다시피 여러분이 유명해질 필요는 없습니다. 여러분은 그저 어머니와 아버지가 여러분을 자랑스럽게 생각하도록 만들면 되는데, 이미 그렇게 했습니다. 브라보! 잘하셨습니다. 졸업을 축하합니다.

Check the Vocabulary

be involved in ~에 관여하다, 참여하다 | statuette 작은 조각 | spew 토하다, 뿜어내다

SPEECH

21

Maria Shriver's USC Annenberg School of Communication Commencement Speech

마리아 슈라이버의 남가주대학교 애넌버그 커뮤니케이션 스쿨 졸업식 연설

2012년 5월 11일, 애넌버그 커뮤니케이션 스쿨

마리아 슈라이버

저널리스트이자 캘리포니아 주지사였던 아놀드 슈왈제네거의 아내인 마리아 슈라이버는 조지워싱턴 대학을 졸업하고, 필라델피아의 KYW-TV에서 뉴스작가이자 프로듀서로 활동했다. 1978년 볼티모어의 WJZ-TV를 거쳐 CBS 아침 뉴스의 공동앵커로 주목을 받기 시작했다.

1986년에 특파원으로 NBC 뉴스에 들어간 후 젊은 사람들을 겨냥한 뉴스 매거진인 〈Main Street〉의 앵커로 자리를 잡았다. 1987년부터 1990년대까지 〈NBC's Sunday Today〉의 공동앵커로 활동했고, First Person with Maria Shriver라는 이름으로 뉴스 스페셜을 진행하면서 수없이 많은 유명인들과의 인터뷰를 진행했다.

영화배우였던 남편 아놀드 슈왈제네거가 소환투표제(유권자들이 부적합하다고 생각하는 선출직 공무원을 투표로서 임기 중에 파면시키는 제도)의 후보가 되면서 잠시 활동을 중단했다. 남편이 38대 캘리포니아 주지사가 되면서 캘리포니아 주지사 부인이 되는데, 저널리스트와 주지사 부인이라는 신분 사이의 이해관계 충돌이 발생하면서 NBC에서 사직했다. 주지사 부인으로서 슈라이버는 도움이 필요한 사회단체와 자원봉사자들을 연결시켜 주는 웹사이트를 개발 및 발족하고, 저소득층 지역에 놀이터와 지역공원을 유치하는 데 힘을 쏟았다.

That's right: the pause button. I hope if you learn anything from me today, If you remember anything that I say today, I hope you remember about the power of the pause. Pausing today and through your entire life, allows you to take a breath, it allows you to take a beat, it allows you to be in the moment. As everybody else is running around out there like a lunatic, I dare you to try to do the opposite. I am asking you to do this because I believe that you have an incredible opportunity in front of you at this moment, you graduate from Annenberg school. I'm asking you to learn how to pause, because I believe the state of our communication is out of control. And you? I believe you have the opportunity to change it.

I believe you have the power, each and every one of you, to change the way we as a nation speak to one another. The way we brighten, the way we use our words, I truly believe that you can change our national discourse for the better. You have the chance to change the way we talk to one another, what we read newspapers on the Web and magazines. You can help us change the channel. I'm hoping each and every one of you dare to bring change to our community by changing the way we communicate.

Check the Vocabulary

take a breath 쉼을 가지다 | **take a beat** 잠시 멈춰 자신이 하는 일에 대해 생각하다 | **like a lunatic** 미치광이처럼 | **dare someone to do something** 누군가에서 감히 뭔가를 하라고 부탁하다

그렇습니다. '멈춤 버튼'. 오늘 여러분이 저에게 무언가를 배운다면, 여러분이 제가 말하는 무엇인가를 기억한다면, 저는 여러분이 '멈춤의 힘'에 대해서 기억하기를 희망합니다. 오늘 그리고 나아가 평생에 걸쳐 멈춤은 여러분들이 잠시 숨을 들이쉬고, 자신이 하는 일에 대해 생각하며, 그 순간에 몰입할 수 있도록 해 줍니다. 모든 다른 사람들이 마치 미친 사람처럼 여기저기 뛰어다닐 때, 저는 여러분이 반대의 노력을 해 줄 것을 감히 말씀드립니다. 저는 여러분이 이렇게 하기를 희망하는데, 이는 애넨버그 학교를 졸업하는 이 순간 여러분 앞에는 놀라운 기회가 펼쳐져 있기 때문입니다. 저는 여러분들이 멈추는 방법을 배우기를 요청합니다. 왜냐하면 저는 현재의 의사소통이 통제할 수 없는 상황에 있다고 믿기 때문입니다. 그리고 여러분은? 저는 여러분이 이 상황을 바꿀 수 있는 기회를 가졌다고 믿습니다.

저는 여러분 각자가 하나의 국가로서 우리가 서로 소통하는 방식을 바꿀 수 있는 힘을 가지고 있다고 믿습니다. 우리의 앞날을 밝게 하는 진보, 우리가 언어를 사용하는 방법. 저는 진정으로 여러분이 국가적 차원의 의사소통을 좀 더 나은 방향으로 바꿀 수 있다고 믿습니다. 여러분은 우리가 서로 이야기하는 방식, 우리가 인터넷상에서 신문과 잡지를 읽는 방식을 바꿀 수 있는 기회를 가지고 있습니다. 여러분은 우리가 소통의 경로를 바꿀 수 있도록 도와줄 수 있습니다. 저는 여러분들 각자 한 명 한 명이 과감히 현재 우리의 의사소통 방식을 바꿈으로써 우리 공동체에 변화를 가져오기를 희망합니다.

Change it from criticism and fault-finding to understanding and compassion. Change it from nay-saying and name-calling to acceptance and appreciation. Change it from dissembling and dishonesty to openness and explanation. Change it from screaming to speaking. Show us the way, Annenberg graduates. Show us and take us out to what I've been calling "The Open Field". Go beyond what is to what can only be imaged. I know you can do it — because a communications degree means nothing today unless you take it beyond where we are today into the unknown. And in order to do that, you have to learn how to listen and how to pause and know how to go beyond the easy into the unknown — unless you know how to pause, how to listen.

You know — I know quite a bit about the communication business. I've done it through TV news, my books, websites, magazines, speeches, blogs, and conferences. And if you thought I was going to come here today and explain to you how I did that, the answer is really very simple: I worked my ass off! You too have to do the same thing. You probably have to move a lot, and you will get lucky. But you will need to pause along the way. And take a break from communicating outwardly, so you can communicate inwardly, with yourself.

Check the Vocabulary

dissembling 속임, 시치미 | **dishonesty** 부정직 | **explanation** 설명, 대화 | **take** (~로) 데려가다 | **degree** 학위 | **the unknown** 미지의 세계 | **quite a bit** 상당히, 꽤나 많은 | **conference** 회의

비판과 흠잡기를 이해와 동정으로 바꾸십시오. 부인과 욕설을 수용과 진가의 인정으로 바꾸십시오. 속임과 부정직을 솔직과 해명으로 바꾸십시오. 날카로운 비명을 말로 바꾸세요. 애넨버그 졸업생들이여. 우리에게 길을 보여 주세요. 제가 지금껏 외쳤던 '열린 장'을 우리에게 보여 주고, 우리를 데려다 주세요. 현재를 넘어, 오직 상상으로만 가능한 것들로 나아가세요. 저는 여러분이 이것을 할 수 있다는 것을 알고 있습니다. 왜냐하면 커뮤니케이션 학위란 여러분이 이것을 받아들이고, 현재의 우리를 넘어 미지의 세계로 이끌어 주지 않는다면 아무런 의미가 없기 때문입니다. 그렇게 하기 위해서, 듣는 법과 멈추는 법을 배우고, 안일한 현실에서 벗어나 미지의 세계로 나아가는 방법을 알아야 합니다. 멈추고 듣는 법을 모른다면, 그건 불가능합니다.

저는 커뮤니케이션 사업에 대해 꽤나 많이 알고 있습니다. 저는 TV 뉴스, 책, 웹사이트, 매거진, 연설, 블로그, 그리고 회의를 통해서 의사소통 업무를 해 왔습니다. 그리고 만약 제가 그 모든 것을 해낸 방법에 대해서 여기서 여러분에게 설명해 줄 것으로 생각했다면, 그 답변은 아주 간단합니다. 엉덩이에 불이 나게 뛰었습니다. 여러분 또한 똑같이 해야 합니다. 여러분은 필시 많이 움직여야 합니다. 그러면 운이 따릅니다. 하지만 그 길을 걷는 동안 멈출 필요가 있습니다. 그리고 표면적으로 의사소통하는 것에서 잠시 멈추어 자신 자신과 내적인 대화를 하는 것이 중요합니다.

21-03

PAUSE — and take the time to find out, what's important to you. Find out what you love, what's real and true to you — so that that thing there that's important to you can infuse and inform your work and make it your own.

PAUSE — before you report something you don't know is absolutely true, and you haven't corroborated with not just one, but two reliable sources. Make sure that they're two reliable sources.

PAUSE — before you put a rumor out there as fact. Just because you saw it on the Web, just because you saw it on the Television show, just because you read it on the newspaper, it doesn't mean it's true. It's up to you to decide if you want to pass on garbage or whether you want to check facts.

PAUSE — before you hit the "send" button and forward a picture that could ruin someone's life — or write something nasty on someone's wall because you think it's funny. Believe me, it isn't.

Check the Vocabulary

infuse 불어 넣다, 주입하다 | **make it one's own** 자신의 것으로 만들다 | **absolutely** 절대적으로 | **corroborate** 확증하다, 확실하게 하다, 확실히 하다 | **reliable** 믿을 만한

잠시 멈추세요. 그리고 여러분에게 중요한 것이 무엇인지를 알아내는 시간을 가지십시오. 여러분이 좋아하는 것, 여러분에게 실제적이고 진실된 것을 찾으십시오. 그래서 여러분에 중요한 바로 그것이 여러분의 일에 영감을 불어넣고, 정보를 제공하도록 하고, 이를 여러분 자신의 것으로 만드십시오.

잠시 멈추세요. 여러분이 알지 못하는 것을 절대적으로 사실이라고 보도하기 전에, 단지 하나가 아니라 두 가지 정보원으로 확증하지 못한 것을 보도하기 전에 잠시 멈추세요. 믿을 만한 출처를 반드시 확보하세요.

잠시 멈추세요. 풍문을 세상에 사실로 공개하기 전에 멈추세요. 여러분이 웹상에서 보았다고 해서, TV 쇼에서 보았다고 해서, 단지 신문에서 읽었다고 해서 그것이 사실인 것은 아닙니다. 여러분이 잘못된 정보를 전달할지 아니면 사실을 확인할지 결정하는 것은 여러분의 몫입니다.

잠시 멈추세요. '보내기' 버튼을 눌러 누군가의 삶을 망칠 수 있는 사진을 전송하거나, 다른 사람의 페이스북 담벼락에 재미있다고 해서 불쾌한 내용을 쓰기 전에 멈추세요. 제 말을 믿으세요. 전혀 재미있지 않습니다.

PAUSE — before you make judgments about people's personal or professional decisions.

PAUSE — before you join in and disparage someone's sexuality or their intellectual ability.

PAUSE — before forwarding the untrue and inflammatory tidbits that have made it so difficult for would-be public servants to serve and their families to exist in the public arena. As you heard that somebody this morning quoted Edmund Hillary, I will do it again because I think it's such a powerful quote. He said, "It is not the mountain we end up having to conquer. It is ourselves."

So, sometimes you will have to pause along the way and you'll come to realize that you need to hold yourself back from acting out on your first impulse or your ego. Remember this always as I said in the beginning: You have a degree from a prestigious university. Communication has so much power, more power today than ever before to do GOOD. Look at Kony-2012. Look at what happened in Egypt and Libya! In almost an instant, communicators toppled dictators and governments in place for decades! That's power — and with power, comes responsibility.

Check the Vocabulary

disparage 비난하다, 폄하하다 | **forward** 전송하다 | **inflammatory** 선동적인 | **tidbit** (뉴스 · 소문 등의) 한 토막 | **conquer** 정복하다 | **impulse** 충동 | **prestigious** 일류의, 명성 있는

잠시 멈추세요. 사람들의 개인적이거나 직업과 관련된 결정에 대해 판단을 내리기 전에 잠시 멈추세요.

잠시 멈추세요. 당신이 누군가의 성적 취향 또는 지적 능력을 흥보는 일에 같이 동조해서 비난하기 전에 잠시 멈추세요.

잠시 멈추세요. 공직에 몸담으려고 하는 사람이 봉사하고 그의 가족이 공적인 영역에서 살아가기 어렵게 만드는 거짓과 선동적인 기사를 전송하기 전에 잠시 멈추세요. 오늘 아침에 누군가 에드먼드 힐러리의 말을 인용한 것을 들으신 것처럼, 저는 이것을 다시 한 번 언급하고 싶은데, 그것은 이 말이 아주 영향력 있는 말이라 생각하기 때문입니다. 힐러리는 "우리가 결국 정복해야 하는 것은 산이 아니라 우리 자신이다."라고 말했습니다.

그래서 때로 여러분은 가는 길에 멈춰서야 합니다. 그리고 여러분은 처음 떠오르는 충동과 자신의 생각에 기반해 행동하는 것을 억제할 필요가 있음을 깨닫게 될 것입니다. 제가 처음에 말했던 것과 같이 이것을 기억하세요. 여러분은 명문대학에서의 학위를 가지게 되었습니다. 의사소통은 그 어느 때보다 오늘날 올바른 일을 할 수 있는 엄청난 힘을 가지고 있습니다. 다큐멘터리 〈코니 2012〉를 보십시오. 이집트와 리비아에서 발생한 사건을 보십시오. 정보 전달자들은 한순간에 수십 년 동안 자리 잡은 독재자와 정부를 흔들었습니다. 이것이 바로 힘입니다. 그리고 이러한 힘에는 책임감이 따릅니다.

SPEECH

22

Vernice Armour's Ashford University Commencement Speech 1

버니스 아무르의 애시포드 대학교 졸업식 연설 1

2011년 10월 22일, 애시포드 대학교

버니스 아무르

버니스 '플라이걸' 아무르는 24세에 경찰관이 되는 자신의 꿈을 성취한 후, 미국의 해병대 장교가 되었다. 그녀는 또한 오토바이 분대(motorcycle squad)에 소속된 첫 번째 아프리카계 미국 여성이다. 1998년 소위로 임명되고, 텍사스에 있는 해병대 비행학교에 들어가 놀라운 능력을 보이면서, 지금까지의 졸업생 200명 중 최고의 성적을 거두었다.

2003년 3월 그녀는 HMLA-19기를 타고 이라크 공습에 참여하고, 두 번에 걸쳐 걸프 전에도 참여했다. 2007년 6월 미 해병대를 떠나 지금은 작가나 강연자의 삶을 살고 있으며 전 세계의 많은 사람, 특히 여성들과 젊은이들에게 성공의 모델로 여겨진다. 자신의 성공을 '무에서 새로운 지평으로(Zero to Breakthrough)'이라 칭하고, 수많은 기업과 교육 기관을 돌아다니면서 '무에서 새로운 지평으로 가는 성공 계획(Zero to Breakthrough Success Plan)'을 소개한다. 상황에 대한 적극적 대응과 단순한 반응의 차이점을 강조하면서, 자신 앞에 놓인 장애를 인정하는 것이 성공의 첫 시작임을 강조한다. 오프라 윈프리 쇼, CNN에 소개되기도 했다.

Many of you might have seen me walking around you know in the flight suit earlier but I will be honest it's usually a woman. And she will come up to me and say, "Oh I just love your outfit!" I say "This is not an outfit. This is a uniform!" She'll say, "You're a pilot, right?" I say "Yes, ma'am." "Air force, right?" "No, marine corp!" She'll say "Wha?" We've got some marines out here. I'll say "No, ma'am, marine corp." And she'll say, "What? The marines are so tough. I mean, don't get me wrong or anything but you're black. You're a woman. Did you have any obstacles?" I'll kind of chuckle as well and I'll say, "You know, it's not about having obstacles because everyone has obstacles."

Right, John? Even the average white guy has obstacles! Right, John? (Whatever you say.) The key is simple; acknowledge the obstacles. Don't give them power. Absolutely, I'd like to have you say that with me or after me. Acknowledge the obstacles. Don't give them power. Because truly a breakthrough mentality creates a breakthrough life. *I am gonna use this chair here for a second.* When I talk about breakthrough mentality, it's like you're breaking out of something to something new, to something fresh, to something powerful that can be on the other side.

Check the Vocabulary

flight suit 비행복 | **come up to** ～에게 다가가다 | **outfit** 의상, 옷 | **obstacle** 장애물, 문제 | **chuckle** 가볍게 웃다 | **even** ～조차도 | **acknowledge** 인정하다

여러분 중 많은 분들은 제가 예전에 비행복을 입고 주위를 돌아다니고 있는 것을 보았을지 모르겠네요. 솔직히 말씀드리면, 보통 여자 분이 제게 와서 "오, 옷이 정말 좋아요."라고 말을 건넵니다. 그럼 저는 "이건 옷이 아니라 군복입니다."라고 말합니다. 그녀가 "조종사 맞지요?"라고 물으면, 저는 "네, 맞습니다."라고 대답하죠. "공군 맞지요?" "아뇨, 해병대입니다!" 그녀는 "뭐라고요?"라고 말합니다. 여기에 해병대 분들이 좀 있네요. 저는 대답합니다. "아뇨, 저는 해병대입니다." 그러면 그녀는 말합니다. "그런데 해병대는 아주 힘들잖아요. 제 말을 오해하지 말고 들어 주세요. 당신은 흑인이잖아요. 그리고 여자잖아요. 어떤 어려움이 있었나요?" 저는 또한 가볍게 웃으면서 말하죠. "그건 삶에 어려움이 있는지의 문제가 아닙니다. 왜냐하면 모든 사람이 어려움을 가지고 있기 때문입니다."

그렇죠? 존? 보통의 백인 남자조차 어려움을 가지고 있습니다! 그렇죠? 존? (그렇습니다.) 핵심은 간단합니다. 어려움을 인정하는 겁니다. 그 어려움들에 여러분을 조정할 권한을 부여하지 마십시오. 저와 함께 아니 제가 말한 후 따라 했으면 합니다. 어려움을 인정하십시오. 어려움들에 여러분을 조정할 힘을 주지 마십시오. 왜냐하면 성공하는 정신력은 놀라운 성공의 삶을 만들어 냅니다. *잠시 여기 의자를 좀 사용하겠습니다.* 제가 성공하는 정신력에 대해서 이야기할 때는 이는 마치 여러분이 무엇인가를 깨뜨리고 빠져나와서 반대편에 있는 새롭고 신선하고 강력한 무엇인가로 나아가는 것입니다.

Check the Vocabulary

breakthrough 새로운 지평을 여는, 획기적인 | **break out of A to B** A를 깨뜨리고 빠져나와 B로 나아가다 | **on the other side** 반대편에 있는

I was having a little bit of a hard time in the squadron and being the only woman at that particular time, I could just go into the ladies' room and there was no one could come in there and bother me, right? It was my little sanctuary. And one particular day it was just pretty tough and I grabbed my keys to my car. I ran out, jumped in and drove to the beach which was only five minutes away. I called my mom when I got there.

I said "Mom, I just can't take it anymore. They can have these wings. I don't want to go through this." She simply said "Baby, you did not work this hard, this long to give up now. Dry your eyes. Go back to work. Acknowledge the obstacles; don't give them power."

Check the Vocabulary

have a hard time (in) ~하는 데 어려움을 겪다 | squadron 대대 | ladies' room 여자 화장실 |
bother 괴롭히다 | sanctuary 피난처, 성역 | grab 집다 | jump in 올라타다

저는 비행대대에서 조금 힘든 시간을 겪고 있었고 당시 제가 유일한 여성이었습니다. 그래서 그냥 여자 화장실에 가면 아무도 저를 귀찮게 할 수 없었죠, 맞죠? 그곳은 저의 작은 신성한 공간이었습니다. 언젠가 하루는 정말로 힘든 날이었습니다. 저는 자동차 키를 집어 들었죠. 그냥 달려 나가 차에 올라탄 후 차로 5분이면 가는 떨어진 해변으로 갔습니다. 거기에 갔을 때 어머니에게 전화를 걸었죠.

"엄마, 더 이상 못 참겠어요. 그들이 이 날개(비행기)를 그냥 가지도록 할게요. 더 이상 이런 일을 겪고 싶지가 않아요."라고 말했습니다. 어머니께서는 간단히 이렇게 말씀하셨습니다. "애야, 너는 지금 포기할 만큼 열심히, 오랫동안 하지 않았다. 눈물을 거두고 일터로 돌아가렴. 어려움을 인정하고, 그 어려움이 너를 좌지우지하게 두지 말으렴."

can't take it anymore 더 이상 참을 수 없다(관용적 표현의 **it**) | **dry** 말리다

I said wow almost like when you change your clothes in front of thousands of people. You have to accessorize, right? Acknowledge. So the main message I want to bring to you all today is really about engagement. When I was flying over those deserts in Iraq, protecting those troops on the ground, before I shot any missiles, any rockets, we had to wait for certain phrase. That phrase was 'You have permission to engage.' Once you got that permission you were cleared hot. What does cleared hot mean? Because a couple of us were yelling over in the area where you take pictures I was like you're cleared hot. What's that? When you were given permission to engage, to pull the trigger and shoot those missiles, bombs, rockets, whatever that is you have on your aircraft, you can blow up the challenge, blow-up the obstacle, and when bombs, bullets, missiles, rockets hit something, folks, they're hot. They're incendiary. They're on fire. You are all on fire today, by the way, right?

So today I want to say that you have permission to engage. You've always had it it's inside of you and you are the one that has to give yourself that permission to engage. And once you do, you are cleared hot. So when I say "Engage," you all say "Cleared hot," are you ready? Engage! That's what I am talking about. Engagement is interesting because you can do it in so many different ways.

engagement 교전, 참여 | **troops on the ground** 지상군 | **shoot** 쏘다 | **permission to engage** 교전 허가 | **pull the trigger** 방아쇠를 당기다(쏘다) | **blow up** 날려 버리다, 폭파시키다

수천의 사람들 앞에서 옷을 갈아입는 것은 놀라운 일이죠. 여러분은 (옷에) 액세서리를 달아야 합니다. 그렇죠? 동의하시지요. 오늘 여러분 모두에게 전달하고 싶은 요지는 '교전'에 대한 것입니다. 제가 이라크의 그 사막 위를 비행하면서 지상의 군인들을 보호할 때, 미사일과 로켓을 발사하기 전에 우리는 특정 명령 어구를 기다려야 합니다. 그 말은 바로 '교전을 허가한다'입니다. 일단 여러분이 이 교전 허가를 받으면, 여러분은 'cleared hot'입니다. 이것의 의미가 무엇인가요? 우리 중 몇 명이 사진 찍는 장소에서 소리를 질러서, 제가 "너는 cleared hot이구나." 했는데, 그게 무엇인지 묻더라고요. 여러분이 교전 허가를 받았을 때는 방아쇠를 당겨 전투기에 있는 미사일, 폭탄, 로켓 등 무엇이든 발사해서 삶의 도전을 폭파시키고, 장애물을 폭파시킬 수 있습니다. 폭탄, 총알, 미사일, 로켓이 무엇인가를 적중했을 때, 그것들은 뜨거워집니다. 활활 타오르는 거죠. 불이 붙은 것이죠. 그건 그렇고, 여러분 모두가 오늘 아주 흥분해 있죠. 그렇죠?

오늘 저는 여러분이 교전 허가를 받았다는 것을 말해 주고 싶습니다. 여러분은 그것을 여러분 내면에 항상 가지고 있었으며, 스스로에게 교전을 허가하는 당사자입니다. 일단 여러분이 교전을 허가하면, 여러분은 'cleared hot'입니다. 제가 'Engage'라고 말하면 여러분이 'Cleared hot'이라고 대답하세요. 자, 준비되셨나요? Engage! 그것이 제가 말하고 있는 것입니다. 여러분이 다양한 방식으로 교전할 수 있기 때문에 교전은 아주 흥미롭습니다.

Check the Vocabulary

challenge 도전, 문제 | **incendiary** 불이 붙은 | **on fire** 불이 붙은, 흥분한, 열중하고 있는 | **once S V** 일단 ~하면 | **in different ways** 다양한 방식으로

SPEECH

23

Vernice Armour's Ashford University Commencement Speech 2

버니스 아무르의 애시포드 대학교 졸업식 연설 2

2011년 10월 22일, 애시포드 대학교

버니스 아무르

버니스 '플라이걸' 아무르는 24세에 경찰관이 되는 자신의 꿈을 성취한 후, 미국의 해병대 장교가 되었다. 그녀는 또한 오토바이 분대(motorcycle squad)에 소속된 첫 번째 아프리카계 미국 여성이다. 1998년 소위로 임명되고, 텍사스에 있는 해병대 비행학교에 들어가 놀라운 능력을 보이면서, 지금까지의 졸업생 200명 중 최고의 성적을 거두었다.

2003년 3월 그녀는 HMLA-19기를 타고 이라크 공습에 참여하고, 두 번에 걸쳐 걸프전에도 참여했다. 2007년 6월 미 해병대를 떠나 지금은 작가나 강연자의 삶을 살고 있으며 전 세계의 많은 사람, 특히 여성들과 젊은이들에게 성공의 모델로 여겨진다. 자신의 성공을 '무에서 새로운 지평으로(Zero to Breakthrough)'이라 칭하고, 수많은 기업과 교육 기관을 돌아다니면서 '무에서 새로운 지평으로 가는 성공 계획(Zero to Breakthrough Success Plan)'을 소개한다. 상황에 대한 적극적 대응과 단순한 반응의 차이점을 강조하면서, 자신 앞에 놓인 장애를 인정하는 것이 성공의 첫 시작임을 강조한다. 오프라 윈프리 쇼, CNN에 소개되기도 했다.

What is the definition breakthrough mentality, first of all? It's refusing to settle even in the smallest of moments and demanding a breakthrough life, demanding a breakthrough career, demanding a breakthrough education, demanding a breakthrough relationship with your husband, wife, and kids but, the key is refusing to settle even in the smallest of moments.

Those small moments are the ones that create the breakthroughs. How many of you got out of high school, graduated, came a place like Ashford University and graduated in four years? Raise your hand. I think it's safe to say some of us have encountered some obstacles and challenges along the way. Would that be not true? That's right. You had to stick to it. You had to persevere. You had to blow up some obstacles and challenges that were in front of you, not once or twice, but probably many times along the way.

Check the Vocabulary

first of all 무엇보다, 우선 | **refuse** 거절하다 | **settle** 안주하다 | **demand** 요구하다 | **get out of** 졸업 하다(= graduate from) | **in four years** 4년 안에 | **encounter** 직면하다

우선, 성공하는 정신력의 정의는 무엇일까요? 그것은 아무리 사소한 순간이라도 안주하는 것을 거부하는 것이며, 성공적인 삶을 요구하고, 성공적인 직업을 추구하며, 성공적인 교육, 그리고 남편, 아내, 아이들과의 성공적인 관계를 요구하는 것입니다. 그 핵심은 아무리 사소한 순간이라도 안주하는 것을 거부하는 것입니다.

이러한 사소한 순간들이 획기적인 성공을 만들어 내는 것입니다. 여기 있는 사람 중 몇 명이나 고등학교를 졸업하고, 애시포드 대학과 같은 장소에 와 4년 안에 졸업을 했나요? 손들어 보세요. 아마 제 생각에 우리 중 어떤 이는 이 길을 따라가는 중 어떤 장애물과 도전에 직면했다고 말해도 괜찮을 겁니다. 그렇지 않나요? 그렇습니다. 여러분은 이것을 고수해야 했습니다. 여러분은 인내해야 했습니다. 그 과정에서 여러분 앞에 놓인 장애물과 도전을 한 번 또는 두 번이 아니라 아마도 여러 번 날려 버려야 했습니다.

Check the Vocabulary

along the way 가는 도중 | **stick to** ~을 고수하다 | **persevere** 인내하다 | **blow up** 날려 버리다, 폭파시키다

🎧 23-02

That folks is a breakthrough mentality. So I'm not here to teach you how to have a breakthrough mentality, you already have it. You gave yourself permission to engage a long time ago and you saw it all the way through. You weren't just cleared hot, you were on fire.

One moment when I had to make the decision about what I was going to do, I was at a technology conference and a facilitator didn't show up for one of the tables. They asked me to stand in; I was in my captain's uniform at the time. They said well you need a table captain and everyone looked at me. I said "Okay I'll do it."

After the session a group of women came up to me, hours later, and they said "Oh my gosh we were so inspired. We're all going for our 'plan A' and I said "That's fantastic." and I'm thinking, they're going for their 'plan A' and I'm not even going for mine.

Check the Vocabulary

all the way through (처음부터) 일관하여, 내내 | **on fire** 불붙은 상태, 아주 잘하고 있는 상태 | **be at** ~에 참석하고 있다 | **show up** 모습을 드러내다, 나타나다 | **stand in** 대신 맡다

여러분, 그것이 바로 성공적인 정신력입니다. 저는 여러분에게 성공적인 정신력을 가질 수 있는 방법에 대한 가르침을 주기 위해 여기 온 것이 아닙니다. 여러분은 이미 벌써 이것을 가지고 있습니다. 여러분 스스로 오래전에 자신에게 '교전 허가'를 내주었으며, 이를 끝까지 해냈습니다. 여러분은 깨끗이 처리했을 뿐 아니라 열중해 있었습니다.

한 번은 제가 무슨 일을 해야 할지 결정을 내려야 할 때가 있었습니다. 저는 기술박람회에 있었는데 한 테이블의 강사가 나타나지 않았습니다. 그들은 제가 대신 맡아 주기를 요청했습니다. 저는 그 당시 장교 군복을 입고 있었습니다. 그들은 테이블을 맡을 사람이 필요했고, 모든 사람이 저를 보고 있었습니다. 저는 "알겠어요. 제가 하죠."라고 답했습니다.

강연 후, 한 여성 단체가 몇 시간 후에 저에게 와서 "와, 정말 영감을 받았어요. 우리 모두는 원래의 계획대로 하기로 했어요."라고 말하더군요. 저는 "정말 잘됐어요."라고 대답했습니다. 그리고 나는 생각했습니다. 이들은 원래 계획대로 가는데, 저는 제 자신의 것조차 실천하지 않는다고 말이죠.

Check the Vocabulary

uniform 군복, 작업복 | inspire 영감을 주다 | plan A 원래 계획대로의 진행

23-03

Believe it or not I said I loved speaking. I had been speaking at high schools and junior highs. When I became a police officer I did the career days. I'd go out there. Even in the Marine Corps sometimes I'd speak at different units and organizations and I said if it ever blows up I'll do it full time. What blows up that you don't put hard work into? And at that moment when they said that, I said, you know what, it's time. I am going to go for my 'plan A.'

Why did I change my clothes? Because folks everything in that flight suit is now in this flight suit. Notice I look a lot more like you right now. We're all in our flight suits sitting in that cockpit at the controls, taking off. And I love to say this, one of my keynote phrases. Who needs a runway? Take-off from where you are. That's right. Because we are sexy attack helicopters.

Check the Vocabulary

believe it or not 믿거나 말거나 | **Career Day** 다양한 직업을 가진 사람들을 직접 학교로 초빙해 학생들에게 자신의 직업에 대해 소개하고 아이들의 일일 멘토 역할을 하는 날 | **full time** 전업으로

믿거나 말거나 저는 대중 앞에서 말하는 것을 좋아했다고 말했습니다. 저는 고등학교와 중학교 때 연설을 했습니다. 제가 경찰관이 되었을 때, 저는 '커리어 데이(Career Day)' 때 연설하곤 했습니다. 거기에 나가곤 했죠. 때로 해병대에서 저는 다양한 부대와 기관에서조차 연설을 했고, 만약 이게 성공하면 이것을 전업으로 할 것이라고 말했죠. 우리가 열심을 쏟지 않은 어떤 일이 성공하겠습니까? 그들이 그렇게 말한 그 순간 저는 말했습니다. 지금이 때라고. 저는 저만의 원래 계획을 위해 나아갈 거라고 말이죠.

제가 왜 옷을 바꿔 입었을까요? 그 비행복 속의 모든 것은 이제 이 비행복에 다 있습니다. 보세요. 제가 지금은 훨씬 더 여러분같이 보이잖습니까. 우리 모두는 비행복을 입고 조종석에 앉아 이륙하려고 합니다. 저는 제가 가장 좋아하는 문구 중 하나인 이것을 말하고 싶습니다. 누가 활주로가 필요한가요? 여러분이 있는 곳에서 이륙하십시오. 그렇습니다. 왜냐하면 우리가 섹시한 공격 헬기 조종사이기 때문입니다.

You all are on the landing pad, some of you are actually already in flight and you are flying. You're executing and you're navigating those minefields and obstacles along the way because you didn't have time to just sit on the deck. You didn't have time to hover. You're flying forward, hovering side to side, flying side to side. You are in action and you're taking that action.

It's an honor for me to be here with you today. We have folks from countries, 49 states. How amazing! It was an honor for me to serve. It's an honor for me to share this moment with you. You have, not, you have taken your permission to engage. Thank you.

Check the Vocabulary

landing pad 이착륙 장소 | **in flight** 비행하고 있는 | **execute** (계획을) 실행하다 | **navigate** 항해하다 | **minefield** 지뢰밭 | **on the deck** (항공모함의) 갑판 위에 | **hover** (하늘을) 맴돌다

여러분 모두는 이착륙장에 있고, 여러분 중 누구는 실제로 벌써 비행을 하고 있습니다. 여러분은 단지 (항공모함의) 갑판 위에 있을 시간이 없기 때문에 가는 길에 놓인 지뢰밭과 장애물을 비켜 항해하면서 계획을 실행하고 있습니다. 하늘을 맴돌 시간이 없었습니다. 여러분은 앞으로 나아가며, 좌우로 우회하며, 이쪽저쪽을 날고 있습니다. 여러분은 작전을 수행하고, 그 행동을 취하고 있습니다.

오늘 여러분과 여기에 있을 수 있다는 것이 제게는 영광입니다. 우리는 49개 주 사람들과 함께 여기 있습니다. 얼마나 놀랍습니까! 여러분을 위해 봉사한 것은 저에게 영광이었습니다. 이 순간을 여러분과 함께 나눌 수 있어 영광입니다. 여러분은 이미 교전 허가를 받은 상태입니다. 감사합니다.

SPEECH

24

Whoopi Goldberg's
SCAD Commencement Speech 1

우피 골드버그의 사바나 예술대학교 졸업식 연설 1

2011년 6월 4일, 사바나 예술대학교

우피 골드버그

우피 골드버그는 미국의 영화배우, 희극 배우, 싱어송라이터이다. 영화 〈칼라 퍼플 (The Color Purple)〉(1985)에서 남부의 학대당하는 아프리카계 미국인 여성 셀리 존슨 역으로 데뷔, 그 역으로 인해 아카데미 여우주연상 후보에 올랐고, 골든 글로브상을 받았다. 1990년에 골드버그는 블록버스터 영화 〈사랑과 영혼(Ghost)〉으로 한국에 더욱 널리 알려졌는데, 살해당한 사람이 자기를 죽인 사람을 찾도록 도와주는 영매, 오다 매 브라운 역을 맡았다. 이 연기로 그녀는 골든 글로브상과 아카데미 여우조연상을 받았다.

골드버그는 텔레비전에서의 연기로 에미상 후보에 13번 오르기도 했는데, 그녀는 1998년부터 2002년까지 게임 쇼 〈할리우드 스퀘어즈〉의 공동 제작자이자 주요 출연자였다. 현재 골드버그는 토크쇼 〈더 뷰〉의 사회자이자 공동 진행자로, 이 프로로 그녀는 2009년 에미상을 수상했다.

골드버그는 브로드웨이와 음악 산업에서도 성공을 거두었으며, 아카데미상, 에미상, 그래미상, 토니상을 모두 받은 소수의 사람들 중 한 명이다. 또한 그녀는 영국 아카데미 영화상을 받았고, 피플스 초이스상을 4회 수상했으며, 2001년 할리우드 명예의 거리에 등재되었다.

Let me tell you something. I was really lucky. I had a really weird mother. She also had another really weird child but I was the *weirdest of the two. And basically she said to me, "Well, it's ok if you're weird. Are you willing to pay the price for it?" and I was like, "I don't know what you mean." You know because I was just me. She said, "You realize that not everybody is going to get you, not everybody is going to see what you see, not everybody's going to feel what you feel and you can talk until you're white in the face. They still may not get it and not only may they not get it, they may not like you. When it's all said and done, are you prepared to take that on, in order to stay an individual?"

*weirder가 옳은 표현

pay the price for ~에 대한 대가를 지불하다 | until you're white in the face 계속, 지칠 때까지(원래 until you're blue in the face인데 골드버그가 흑인인 것을 감안하여 blue를 white로 바꾸어 말한 것)

한 가지 말씀드릴게요. 저는 정말 운이 좋았습니다. 저는 정말 이상한 엄마를 두고 있었죠. 엄마 또한 또 다른 정말 이상한 아이를 두고 있었는데, 제가 둘 중에 더 이상한 아이였습니다. 본래부터 엄마는 저에게 "음, 네가 이상해도 괜찮아. 너는 이것에 대한 대가를 지불할 의향이 있니?"라고 말했고, 저는 "엄마가 무슨 말을 하는지 모르겠어요."라고 대답했습니다. 저는 그냥 저였으니까요. 어머니는 "모든 사람이 너를 이해하지는 못할 것이고, 모든 사람이 네가 보는 것을 보지는 못하며, 모든 사람이 네가 느끼는 것을 느끼지는 못할 거야. 그래도 너는 얼굴이 하얘질 때까지 계속 말할 수는 있단다(골드버그 여사가 흑인인 점을 생각하면 어머니가 한편으로 유머가 많은 분임을 파악할 수 있다). 사람들이 여전히 그것을 이해하지 못하고, 이해하지 못할 뿐 아니라 그들은 너를 좋아하지 않을지도 몰라. 모든 것이 끝났을 때, 너는 온전한 한 개인이 되기 위해 이것에 도전할 준비가 되어 있니?"라고 말했습니다.

Check the Vocabulary

get it 얻다, 성취하다 | **take on** 떠맡다, ～에 도전하다 | **stay** (～ 상태로) 머물다

And it kinda seemed to me that it was easier to be an individual, less people were screaming at you. Most of the time people would just step away from you. When I was a kid I dreamed of this place, a place where film and media and liberal arts and design and fashion and architecture could live because you see these were all things I was interested in.

I couldn't read because I was dyslexic and didn't learn until I was fifteen but I knew what I saw. I knew what I felt. I knew what I wanted to do.

So, I'm so pleased to be here. I know I've done this a bit butt backwards so I want to thank the school and all the adults. I'm not sure that you are an adult, Dean, I'm just not sure. So I'm supposed to say something witty and smart to you. Well, I have to say witty and smart and keep it clean.

저에게는 사람들이 여러분에게 소리를 지르는 것보다 개성적인 것이 더 쉬운 것처럼 보였습니다. 대부분의 사람들은 여러분에게서 그냥 멀어졌죠. 제가 어렸을 때, 이 장소를 꿈꾸었습니다. 영화, 미디어, 문예, 디자인과 패션 그리고 건축이 살아날 수 있는 장소를 꿈꾸었습니다. 이 모든 것은 제가 흥미 있어 하던 것이었거든요.

저는 글을 읽지 못했습니다. 난독증이 있었는데, 15살이 되어서야 글 읽는 것을 배웠어요. 하지만 저는 제가 본 것을 알았습니다. 제가 무엇을 느꼈는지도 알았으며, 제가 무엇을 하기 원했는지도 알았습니다.

저는 여기 있어 너무 기쁩니다. 제가 약간 뒤죽박죽으로 연설했다는 것을 압니다. 학교와 모든 어른들에게 감사의 인사를 전합니다. 학장님이 어른인지는 확신하지 못하겠네요. 모르겠어요. 저는 무언인가 재치 있고 멋진 뭔가를 말하기로 되어 있습니다. 음, 재치 있고 멋지게 말해야 하는데, 점잖게 말하죠.

Check the Vocabulary

Alright. Here's what I think. If you believe in what you're going, do it. It's hard. There are not a lot of people these days that seem to understand it. It's where high schools and kids and grammar schools are having such a hard time. These arts are not looked upon as necessities but they are, you see for kids like me who couldn't articulate what they needed to do. The arts were my way of speaking.

For people who may not be able to say exactly what they mean they can draw it. It's a way of communicating and if we cut it off then we are more than barbarians because we know better.

have such a hard time 아주 어려운 시기를 겪다 | **be looked upon as** ~로 간주되다 | **articulate** 명확하게 표현하다 | **cut ~ off** 잘라버리다, 끊다 | **barbarian** 야만인

좋아요. 제가 생각하는 것은 다음과 같아요. 만약 여러분이 자신이 하려고 하는 것을 믿는다면, 그것을 하세요. 쉽지 않습니다. 그것을 이해하는 것처럼 보이는 사람이 요즘은 많아 보이지 않습니다. 고등학교, 아이들 그리고 중학교가 아주 힘겨워하는 곳이죠. 이러한 문예가 필수로 여겨지지 않지만, 자신이 할 필요가 있는 것을 명확하게 말로 표현하지 못했던 저와 같은 아이들을 위해서 그래야 합니다. 예술은 저만의 말하는 방식이었습니다.

자신이 의미하는 것을 정확하게 말할 수 없을지 모르는 사람의 경우 이것을 그릴 수 있습니다. 그것은 의사소통의 한 방법입니다. 만약 그것을 잘라 버린다면, 우리는 야만인보다 더한 사람입니다. 우리는 이미 더 잘 알고 있기 때문이죠.

Check the Vocabulary

know better 철이 들어 있다. 더 잘 안다

SPEECH
25

Whoopi Goldberg's
SCAD Commencement Speech 2

우피 골드버그의 사바나 예술대학교 졸업식 연설 2

2011년 6월 4일, 사바나 예술대학교

우피 골드버그

우피 골드버그는 미국의 영화배우, 희극 배우, 싱어송라이터이다. 영화 〈칼라 퍼플 (The Color Purple)〉(1985)에서 남부의 학대당하는 아프리카계 미국인 여성 셀리 존 슨 역으로 데뷔, 그 역으로 인해 아카데미 여우주연상 후보에 올랐고, 골든 글로브상 을 받았다. 1990년에 골드버그는 블록버스터 영화 〈사랑과 영혼(Ghost)〉으로 한국에 더욱 널리 알려졌는데, 살해당한 사람이 자기를 죽인 사람을 찾도록 도와주는 영매, 오다 매 브라운 역을 맡았다. 이 연기로 그녀는 골든 글로브상과 아카데미 여우조연 상을 받았다.

골드버그는 텔레비전에서의 연기로 에미상 후보에 13번 오르기도 했는데, 그녀는 1998년부터 2002년까지 게임 쇼 〈할리우드 스퀘어즈〉의 공동 제작자이자 주요 출연 자였다. 현재 골드버그는 토크쇼 〈더 뷰〉의 사회자이자 공동 진행자로, 이 프로로 그 녀는 2009년 에미상을 수상했다.

골드버그는 브로드웨이와 음악 산업에서도 성공을 거두었으며, 아카데미상, 에미상, 그래미상, 토니상을 모두 받은 소수의 사람들 중 한 명이다. 또한 그녀는 영국 아카 데미 영화상을 받았고, 피플스 초이스상을 4회 수상했으며, 2001년 할리우드 명예의 거리에 등재되었다.

You all you have a lot of things you want to do and you'll get some of them done. Some of them you're not going to get done but you've got to be flexible, baby, because this is a great room to be in but once you're out there you're going to have to learn how to play well with others. I tell you this from experience.

I am on a show now where I have had to learn to be flexible in my thinking, to hear the other opinion, in case even though they're wrong all the other times, in case there is something fantastic being said. You don't know everything.

You're prepared for much but you've got to learn a lot once you step out of these doors. And if you're lucky enough to have made friends with folks in the schools then you've got a little bit of a support system.

여러분 모두는 하고 싶어 하는 것이 많고, 그중에서 어떤 것을 성취할 것입니다. 어떤 것은 이루지 못하지만, 여러분은 상황에 맞게 행동할 필요가 있습니다. 이곳은 안에 있기에 아주 좋은 방이지만, 일단 여러분이 밖으로 나가면, 여러분은 다른 사람과 잘 어울리는 방법을 배워야 할 것입니다. 저는 이것을 경험을 통해 말하는 겁니다.

저는 지금, 생각을 할 때 융통성이 있어야 하고, 다른 사람의 견해를 듣도록 배워야 하는 쇼에 출연 중입니다. 다른 모든 상황에서는 그 견해가 잘못된 것일 경우도 있지만, 그 견해가 아주 멋진 것일 경우도 있습니다. 우리가 모든 것을 알지는 못하니까요.

여러분은 많은 것에 대한 준비가 되어 있지만, 일단 이 문을 나가게 되면 여러분은 많은 것을 배워야 합니다. 만약 여러분이 운이 좋아 이 학교의 사람들과 친구가 되었다면, 여러분은 약간의 도움이 될 사람들을 가지고 있는 것이죠.

Don't be afraid to ask the question, "What do you mean? What?" Don't be afraid to say, "You know what? I created this this way and this is why and I know you want to give me a lot of money but you want too much." Because those are the decisions (you) are going to have to make, when to compromise how to compromise, if to compromise at all. You're the big hot stuff right now but you're entering into a whole new group and you have to hold your own. You cannot hold your own if you're rigid. You have to be able to serve. You've got to be able to serve.

And stand up for what you believe in. It's okay to be wrong. It's okay to know stuff in your heart and discover that you were wrong and comp to it. Say, "You know what? I've changed my mind. This has become a terrible thing to do in this country and only art can bring it back."

Check the Vocabulary

make decisions 결심하다 | **if to** ~해야 한다면 | **hold** 고수하다 | **rigid** 엄격한, 경직된, 융통성이 없는 | **comp** (=compromise) 협상하다 | **bring ~ back** 되돌리다, 다시 가져오다

234

질문하는 것을 두려워하지 마세요. "무슨 말이죠? 뭐라고요?" 라고 말하는 것을 두려워하지 마세요. "있잖아요. 제가 이런 방식으로 이것을 만들었습니다. 그리고 그 이유는 이렇습니다. 당신이 나에게 많은 돈을 주려고 하는 것은 알지만, 당신은 너무 많은 것을 요구해요."라고 말하는 것을 두려워하지 마세요. 왜냐하면 그것들은 여러분이 정말 협상을 해야한다면, 언제 협상을 할지, 어떻게 협상을 할지에 대해 여러분이 해야 하는 결정이기 때문입니다. 여러분은 지금 아주 뛰어난 사람이지만, 이제 완전히 새로운 집단에 들어가서 자기 자신의 자리를 당당히 차지해야 합니다. 유연하지 않고는 자기 자신의 자리를 차지할 수 없습니다. 여러분은 봉사할 수 있어야 합니다.

그리고 여러분이 믿는 것을 밀고 나가십시오. 틀려도 괜찮습니다. 마음속으로 이를 인식하고, 여러분이 틀렸다는 것을 발견하는 것은 괜찮습니다. 절충하세요. "있잖아요. 제가 생각을 바꿨어요. 이것은 이 나라에서 할 수 있는 끔찍한 것이 되었어요. 오직 예술만이 이를 되살릴 수 있어요."라고 말하세요.

Check the Vocabulary

You know there is nothing wrong with continued growth, with evolution it's part of the process. Just because you're here now doesn't mean that's where you're going to end up. It's a great ride. It's a great ride. There are so many great things to do and if it's in you, if it's in you you won't be able to do it any other way. Sure you could try to go work at a bank but all of those checks that you're looking at are going to have doodles on them. You'd be writing plays on the back of people's contracts in the lawyer's office because it's just there. It's in you.

I'm knocked out by you all and so jealous. I am so jealous. I would give anything. Well, no okay. I give a lot of stuff. To live this moment. I've never done this. I wasn't school material. Now, In the old days, when I was a kid, they said "No, she should be in the slow class." because they didn't have words for what was wrong with me but it didn't seem to stop me. And all of those... you know. So believe and believe be you. Be unique. Be prepared to be alone sometimes when you're unique. It's not a bad thing. You could travel with the sheep, follow everybody else's stuff but then you're not you. So I guess if I want to say anything it's "Be you." Be true to you and that should make the ride a little more interesting.

Check the Vocabulary

growth 성장 | **evolution** 발전, 변화 | **end up** 결국 ~하게 되다 | **ride** (삶의) 여정 | **any other way** 다른 방식으로 | **check** 수표 | **doodle** 낙서 | **write plays** 각본을 쓰다

아시다시피 지속적인 성장, 발전은 잘못된 것이 아닙니다. 이것은 그 과정의 일부분이죠. 여러분이 지금 여기 있다고 해서 여러분이 여기서 끝날 것이라는 의미는 아닙니다. 이것은 원대한 여정입니다. 원대한 여정이죠. 할 수 있는 원대한 것이 너무 많습니다. 그리고 만약 이것이 여러분 속에 있다면, 그렇다면 다른 방식으론 그것을 할 수 없습니다. 물론 여러분이 은행에 가서 일하려고 시도할 수 있지만, 여러분이 검사하는 모든 수표에는 낙서가 생길 겁니다. 여러분은 변호사 사무실에서 고객들의 계약서 뒤에 각본을 쓸 것입니다. 왜냐하면 이것이 바로 거기에 있거든요. 여러분 안에요.

저는 여러분에게 깊은 인상을 받았고 여러분이 몹시 부럽습니다. 정말 부러워요. 저는 무엇이든 다 줄 수 있을 것 같은데요. 음, 그래요. 저는 많이 베풉니다. 이 순간을 살기 위해. 저는 대학교 졸업식을 해 본 경험이 없습니다. 저는 학교에 맞는 인재가 아니었거든요. 그 옛 시절 제가 어렸을 때, 그 때는 나에게 무슨 문제가 있는지 설명할 말이 없었기 때문에 "아니죠, 이 아이는 하급반에 있어야 해요."라고 말했지만, 이것이 저를 막지는 못한 것 같습니다. 그 모든 것들… 아시죠. 그러므로 믿으세요. 여러분 자신이 되어야 하는 것을 믿으세요. 다른 사람과 구별되세요. 여러분이 다른 사람과 다른 경우 때로는 홀로 있을 각오를 해야 합니다. 이것은 나쁜 일이 아닙니다. 여러분은 독창성이 없는 사람과 교제하면서 다른 사람이 하는 방법을 따라 할 수 있지만, 그러면 여러분은 여러분 자신이 아닌 것이죠. 그래서 제 생각에 만약 제가 무엇인가 말해야 한다면, 그것은 "여러분 자신이 되세요."입니다. 자신에게 솔직하세요. 그러면 여러분의 삶의 여정이 좀 더 흥미로워질 것입니다.

Check the Vocabulary

be knocked out by ~에게 깊은 인상을 받다 | **school material** 학교에 적합한 사람 | **unique** 독특한 | **travel** (~와) 교제하다 | **sheep** 유순한 사람, 독창성이 없는 사람 | **stuff** 처신, 하는 방법, 시시한 소리

SPEECH

26

Dolly Parton's University of Tennessee Commencement Speech

돌리 파튼의 테네시 대학교 졸업식 연설

2009년 5월 8일, 테네시 대학교

돌리 파튼

1970년대부터 80년대에 우리나라에서 큰 인기를 끌었던 돌리 파튼(Dolly Parton)은 미국의 싱어송라이터이다. 테네시 주에서 출생하고, 1967년에 포터 웨거너와 함께 듀엣 그룹 '포터 앤 돌리'를 만들어 1968년에 컨트리 듀엣상을 받았다. 솔로로 데뷔하기 전까지 웨거너와 함께 음악 활동을 계속하였다.

돌리 파튼이란 이름을 떠올릴 때면, 언제나 그녀의 금발과 함께 큰 가슴이 먼저 언급되지만, 그녀는 외적인 모습뿐 아니라 폭발적인 가창력과 컨트리 음악 특유의 리듬과 정서에 맞는 창법과 무대 매너로 큰 사랑을 받았다. 1974년에 앨범 'Jolene'을 발표하면서 솔로 활동을 시작한 그녀는 1975년과 1976년도 최우수 컨트리 가수로 선정되며 최고의 인기를 누렸다. 1977년에 발표한 'Here You Come Again'은 컨트리 차트 정상을 차지하였고, 1981년에 발표한 'The House Of The Rising Sun'은 컨트리와 팝 차트에서 각각 1위를 차지하며 세계적인 인기를 얻었다. 1983년에 발표한 'Islands In The Stream'이 차트 1위에 올랐다. 1987년에는 대중적인 팝 성향의 'Rainbow'를 발표하여 열정을 분출시켰고, 1989년에는 'White Limozeen'이 큰 인기를 얻었다.

음악 분야뿐 아니라 텍사스와 켄터키 주의 이름만으로 미국 서부의 카우보이 냄새가 물씬 풍기는 테네시 주 동부의 그레이트 스모키 마운틴에 돌리우드(Dollywood)라는 테마파크를 통해 고용 효과뿐 아니라 컨트리 음악 등 다양한 문화 콘텐츠를 활용함으로써 지역사회의 경제 · 문화적 기여에 힘쓰고 있다.

Now the night I graduated from Sevier County High School, back in 1964, we were all asked to stand up and talk about what we were going to do with the rest of our lives and everybody had a different story. When it came my time I stood right up there. I said I'm going to Nashville and I'm going to be a star. Well the whole place laughed out loud and I was so embarrassed, because I thought how odd. Why is everybody laughing, because that is what I'm going to do. As bad as I felt at that moment and as embarrassed as I was, it did not shake me from my dreams. So I guess I showed them, huh? You can do the same.

Of course you have to be careful. Do not confuse dreams with wishes. There is a difference. Dreams are where you visualize yourself being successful at what's important to you to accomplish. Now dreams build convictions because you work hard to pay the price to make sure that they come true. Wishes are hoping good things will happen to you but there is no fire in your gut that causes you to put everything forth to you know, overcome all the obstacles.

Check the Vocabulary

back in 1964 1964년 당시 | **out loud** 큰 소리로 | **embarrassed** 당황한, 당혹스러운 | **confuse A with B** A와 B를 혼동하다 | **visualize** 마음속에 그려보다 | **accomplish** 성취하다

그때가 1964년 당시 시비어 카운티 고등학교를 졸업하던 날이었습니다. 우리 모두는 남은 생애 동안 무엇을 할지 서서 이야기했는데, 모두가 서로 다른 자신의 꿈을 이야기했습니다. 내 차례가 왔을 때, 나는 당당히 섰습니다. 그리고 "나는 내슈빌에 가서 스타가 될 거야."라고 말했죠. 그 장소는 온통 웃음소리로 넘쳐났고, 저는 아주 당황했습니다. 왜냐하면, 저는 이상하다고 생각했기 때문이죠. 왜 다들 웃는 거지? 그게 바로 내가 하려는 것인데. 그때 당시 정말 기분이 나쁘고 당혹스러웠지만, 그때 일은 나의 꿈으로부터 나를 흔들지는 못했습니다. 제 생각에 제가 그들에게 제대로 증명한 것 같은데, 그렇지 않나요? 여러분도 그렇게 할 수 있습니다.

물론 여러분은 조심해야 합니다. 꿈과 소망을 혼동하지 마세요. 차이점이 있습니다. 꿈은 여러분에게 성취하려는 중요한 것을 이룩한 성공한 자신을 마음속에 그려보는 것입니다. 꿈은 확신을 쌓아줍니다. 왜냐하면, 여러분이 그 꿈을 이루기 위해 희생을 감수하는 노력을 열심히 하기 때문입니다. 소망은 좋은 일이 여러분에게 일어나기를 소망하는 것입니다. 그러나 거기에 여러분이 모든 장애를 이겨내도록 모든 것을 쏟아붓게 만드는 열의는 없습니다.

26-02

So you have to dream more and never ever ever blame somebody else
if it doesn't happen. That is in your department. Yeah it's true. You'll
see more of what I mean as you get out there in the big world. Cuz, I
still have dreams of what I want to do next and of course I hope that
I will never retire. I will never go to seed and as they say I would
certainly rather wear out than to rust out. I just hope that I drop dead
right on stage one of these days, doing exactly what I want to do. I
want people to just walk all around me and say oh just look at her.
She's smiling, she looks so happy but I hope it don't happen today.
That would not be good on your big day, but if it happens just know I
went happy, because this is what I do love to do.

Check the Vocabulary

blame 비난하다 | **in your department** 너의 소관에 있는, 네가 처리해야 하는 | **get out there** 밖에
나가다 | **retire** 은퇴하다 | **go to seed** 한창때를 지나다, 쇠퇴하다

그러므로 여러분은 더 많은 꿈을 꾸어야 하고, 설령 꿈이 실현되지 않았다고 해서 결코 남에게 그 책임을 뒤집어씌워서는 안 됩니다. 이것은 여러분 소관입니다. 그래요. 맞습니다. 여러분은 저 큰 바깥 세계에 나가게 되면서 제가 무엇을 말하려고 했는지 더 잘 알게 될 것입니다. 저는 여전히 다음에 내가 무엇을 하기 원하는지에 대한 꿈을 가지고 있는데, 물론 절대 은퇴하지 않기를 희망합니다. 저는 결코 쇠퇴하지 않을 것입니다. 사람들이 말하는 것처럼 녹이 쓸어 쓸모없게 되니 차라리 지쳐 쓰러지는 편이 낫습니다. 저는 정확히 제가 원하는 일을 하다가 어느 날 바로 그 무대 위에서 쓰러져 죽기를 희망합니다. 저는 사람들이 저의 주위를 걸으며, "오! 그녀를 보세요. 그녀가 미소를 짓고 있네요. 그녀가 아주 행복해 보여요."라고 말하기를 원합니다. 하지만 그런 일이 오늘은 일어나지 않기를 바랍니다. 여러분에 중요한 이날 그런 일이 일어나면 안 좋겠죠. 언젠가 이런 일이 일어난다면, 여러분은 제가 행복하게 되었다고 생각하시면 됩니다. 왜냐하면 그건 제가 정말로 바라던 일이니까요.

If I had but one request of you, I ask that you learn more. Now when I was in school I only made average grades. Maybe it was because I dreamed too much about music and becoming a star. Or maybe I was paying too much attention to the boys. Or maybe I was just your typical dumb A and I know there are a lot of us out there. But either way, it took me a while to realize that the more you learn about everything, the easier it is to do it.

So I thank God that when I was a kid my mother used to read the Bible to me and I learned to love reading when I was just a tiny little thing. I read everything I can get my hands on because it is my belief that if you can read, even if you don't get a chance to get an education, you can learn about everything. Of course that was one of the reasons I wanted to work with the Imagination Library. So if you learn to read you can learn almost anything. I also believe that to learn more means to keep working at making your dreams come true.

만약 제가 여러분에게 단지 하나만 요구할 수 있다면, 저는 더 많이 배우라고 요청하고 싶습니다. 제가 학교에 다닐 때, 저는 그저 평균적인 점수를 받았습니다. 아마도 제가 음악과 스타가 되는 것을 너무 지나치게 꿈꾸어서 그랬나 봅니다. 또는 아마도 제가 남자에게 지나치게 많은 관심을 가졌기 때문일 수도 있죠. 또는 저는 그저 전형적인 바보였을지도 모릅니다. 저는 세상에는 저와 같은 사람들이 많다는 것을 압니다. 어느 쪽으로든, 저는 더 많이 알면 알수록 하기가 더 쉬워진다는 것을 깨닫는 데 꽤나 시간이 걸렸습니다.

하나님께 감사하는 것은 제가 어렸을 때, 저의 어머님이 제게 성경을 읽어 주셨다는 것입니다. 저는 아주 어렸을 때부터 독서를 좋아하는 것을 배웠습니다. 저는 손에 잡히는 것은 모두 읽었는데, 이는 읽을 수만 있다면, 교육을 받을 기회가 없다 하여도, 모든 것을 배울 수 있다는 것이 저의 신념이기 때문입니다. 물론 그것은 제가 '창의력 도서관'을 세우기 원했던 이유 중의 하나였습니다. 여러분이 읽는 법을 배운다면, 거의 모든 것을 배울 수 있습니다. 저는 또한 더 많이 배운다는 것은 여러분의 꿈을 이루어 나가기 위해 지속적으로 노력하는 것을 의미한다고 믿습니다.

Check the Vocabulary

work at ～을 성취하려고 노력하다

SPEECH

27

Susan Rice's Stanford University Commencement Speech

수전 라이스의 스탠포드 대학교 졸업식 연설

2010년 6월 13일, 스탠포드 대학교

수전 라이스

워싱턴의 유복한 엘리트 집안에서 태어난 수전 라이스는 브루킹스 연구소에서 교육 정책 연구원이던 로이스 피트와 코넬 대학의 경제학 교수이자 연방준비제도이사회의 이사를 지낸 두 번째 흑인 제독인 에머트 J. 라이스의 딸이다. 스탠포드대에서 역사를 전공한 후 '로즈 장학생'으로 선발돼 옥스퍼드대에서 박사 학위를 받았다.

라이스는 자신의 오랜 멘토인 매들린 올브라이트 전 국무장관의 추천을 받아 33살의 젊은 나이에 클린턴 행정부에서 국무부 차관보에 기용됐다. 2009년 버락 오바마 행정부에서 아프리카계 미국인 최초로 UN 주재 미국대사에 임명되었다. 2012년 버락 오바마 대통령이 재선한 이후 국무장관과 백악관 국가안보회의 보좌관 물망에 오르기도 했으나, 야당인 공화당의 반대로 임명이 취소되었다. 이후 버락 오바마 대통령은 그녀를 백악관 국가안보보좌관에 임명하였다.

공직에서 물러난 후로는 브루킹스 연구소의 선임연구원으로 활동했다. 남편은 ABC 방송 〈디스 위크〉 프로그램 담당 PD이고 2명의 자녀가 있다.

27-01

Imagine the world and what it will be like when one of you comes back a quarter century from now to deliver the commencement address. In 1986, when I graduated, the Soviet Union was bristling with 45,000 nuclear weapons, and the Berlin Wall was impenetrable. Nelson Mandela was clocking his 23rd year in prison in apartheid South Africa. Osama bin Laden was fighting the Soviets in Afghanistan, and al-Qaeda didn't exist. Almost nobody had heard of global warming. Japan was the daunting economic powerhouse, and China's share of global GDP was 2 percent. There were some 30 fewer countries in the world, and 2 billion fewer people on the planet.

We've seen amazing technological advances. In 1986, only 0.2 percent of the U.S. population had a cell phone, which were bricks about 10 inches long. IBM announced its first laptop which weighed 12 pounds. Twenty-four-hour cable news was in its infancy.

Check the Vocabulary

quarter century 25년 | **commencement address** 졸업 축사 | **bristle with** ~로 가득하다, 빽빽이 들어서다 | **impenetrable** 관통할 수 없는 | **daunting** 위협적인, 두려운

여러분 중 한 명이 지금부터 25년 전으로 돌아가 졸업식 연설을 한다면 어떤 느낌일지 그 세상을 한 번 상상해 보세요. 1986년 제가 졸업했을 때, 소련 연방은 4만 5천개의 핵폭탄으로 무장하고 있었고, 베를린 장벽은 관통할 수 없는 철벽이었습니다. 넬슨 만델라는 인종차별이 존재하던 남아프리카에서 23년째 감옥 생활을 하고 있었습니다. 오사마 빈 라덴은 아프카니스탄에서 소련 연방과 싸우고 있었으며, 알카에다는 존재하지 않았죠. 거의 모든 사람들이 지구온난화라는 말을 들어본 적이 없었습니다. 일본은 위협적인 경제대국이었으며, 중국의 세계GDP 점유율은 2%였습니다. 세상에는 지금보다 약 30개나 적은 국가가 있었고, 지구상에는 현재보다 20억 적은 인구가 살았습니다.

우리는 놀라운 기술적 진보를 경험했습니다. 1986년에는 단지 미국 인구의 0.2%만이 핸드폰을 가지고 있었는데, 이것은 10인치 정도 되는 벽돌이었죠. IBM은 12파운드에 달하는 첫 노트북을 발표했습니다. 24시간 케이블 뉴스도 아직 걸음마 단계였습니다.

The face of America has changed, too. In 1986, 8 percent of the U.S. population was Hispanic; today, it's about 15 percent. The number of African Americans serving in Congress has doubled and the number of women and Latinos has tripled. If on my graduation day, someone had told me that I would live to see the first African American president, much less serve in his cabinet, I would have asked them what they were smoking.

So much change has transpired just in my adult lifetime and you will see so much more in yours but it doesn't just happen. Progress is the product of human agency. Things get better because we make them better; and things go wrong when we get too comfortable, when we fail to take risks or seize opportunities. Never trust that the abstract forces of history will end a war, or that luck will cure a disease, or that prayers alone will save a child.

Congress 국회 | **triple** 세 배로 증가하다 | **cabinet** 내각 | **product** 산물 | **take risks** 위험을 감수하다 | **seize** 잡다 | **abstract** 추상적인 | **cure** 치료하다

미국의 사회 양상 또한 변했습니다. 1986년 당시, 미국 인구의 8%가 히스패닉계였지만, 오늘날에는 약 15%에 이르렀습니다. 국회에서 일하는 아프리카계 미국인의 수는 두 배가 되었고, 여성과 라틴아메리카계 사람들의 수는 세 배로 증가했습니다. 만약 제 졸업식 날, 누군가가 언젠가 제가 사는 동안 대통령의 내각에서 일하는 것은 고사하고, 첫 번째 아프리카계 미국 대통령을 직접 보게 될 것이라고 말했다면, 저는 그 사람들에게 무슨 마약을 한 것이냐고 물었을 것입니다.

저의 성인기에만도 아주 많은 변화가 일어났으며, 여러분은 여러분 시기에 더 많은, 훨씬 더 많은 변화를 보게 될 것입니다. 하지만 변화가 그냥 일어나지는 않습니다. 진보는 인간의 주체성의 산물입니다. 우리가 상황을 좋게 만들기 때문에 상황이 좋아집니다. 우리가 지나치게 편해지거나, 위험을 감수하지 않거나, 기회를 잡으려 하지 않을 때 상황은 나빠집니다. 역사의 추상적인 힘이 전쟁을 끝내거나, 운이 질병을 치료하거나 또는 기도만으로 아이를 구할 수 있을 것이라 절대 믿지 마십시오.

If you want change, you have to make it. If we want progress, we have to drive it. Technology and trade helped transform a bi-polar world into the deeply interconnected global community of the 21st century. Yet the planet is still divided by fundamental inequalities. Some of us live in peace, freedom, and comfort while billions are condemned to conflict, poverty, and repression. These massive disparities erode our common security and corrode our common humanity.

We cannot afford to live in contempt of each others' welfare. It's not just wrong. It's dangerous. When a country is wracked by war or weakened by want, its people suffer first. Poor and fragile states can incubate threats that spread far beyond their borders, terrorism, pandemic disease, nuclear proliferation, criminal networks, climate change, genocide, and more. In our interconnected age, a threat to development anywhere is a threat to security everywhere. That makes the fight against global poverty not only one of the great moral challenges of all time but also one of the great national security challenges of our time.

So, here's my challenge to you, become agents of change. Be driven by a passion to lift up the most vulnerable and to serve those with the least, both at home and around the world. For me, for so many reasons, this is a personal as well as a professional imperative.

Check the Vocabulary

bi-polar 양극단의 | **fundamental** 근본적인 | **inequality** 불평등 | **disparity** 불균형, 불일치 |
corrode 부식하다, 좀먹다 | **welfare** 복지, 안녕 | **wrack** 파괴하다, 피폐하게 하다

변화를 원하면, 여러분이 변화를 만들어야 합니다. 만약 우리가 진보를 원하면, 우리는 진보를 이끌어 내야 합니다. 기술과 무역은 양극의 세계를 21세기의 서로 깊이 연결된 세계 공동체로 변화시키는 것을 도왔습니다. 그러나 지구는 여전히 근본적인 불균형으로 분열되어 있습니다. 우리 중 누군가는 평화롭고 자유롭게 그리고 안락하게 살고 있는 반면, 수십 억의 인구는 갈등, 빈곤 그리고 억압에 놓여 있습니다. 이런 거대한 불균형은 우리의 공동체의 안전을 갉아 먹고, 인류 공통의 인간애를 좀먹습니다.

우리는 서로의 안녕을 무시하고 살아갈 수 없습니다. 이는 단지 옳지 않을 뿐 아니라 위험합니다. 한 나라가 전쟁에 의해 피폐해지거나 빈곤으로 약해질 때, 그 나라의 국민들이 먼저 고통을 겪습니다. 가난하고 취약한 국가는 자신의 국경을 훨씬 넘어서까지 테러, 전염병, 질병, 핵 확산, 범죄조직, 기후 변화, 학살 등을 전파하는 위협의 온상이 될 수도 있습니다. 우리가 서로 연결된 이 시대에 어느 특정한 곳의 개발에 대한 위협은 모든 곳에서 안보의 위협이 됩니다. 이로 인해 세계 빈곤 퇴치가 모든 시대의 거대한 도덕적 과제 중 하나일 뿐 아니라 우리 시대의 거대한 국가 안보의 도전 중 하나가 되는 것입니다.

그러므로 여러분에게 드리는 저의 과제는 이것입니다. 도전의 주체가 되십시오. 열정에 이끌려 가장 취약한 사람들을 고양시키고, 국내와 전 세계의 가장 적게 가진 자들을 섬기십시오. 저에게는 여러 가지 이유에서 이는 직업적일 뿐 아니라 개인적인 의무입니다.

incubate 배양하다, 양성하다 | **pandemic disease** 전염병 | **nuclear proliferation** 핵 확산 | **genocide** 대학살 | **the most vulnerable** 가장 취약한 사람들 | **imperative** 의무

SPEECH

28

Lisa Kudrow's Vassar College Commencement Speech

리사 쿠드로의 바사 대학교 졸업식 연설

2010년 5월 23일, 바사 대학교

리사 쿠드로

리사 쿠드로는 미국의 배우이며, TV 시리즈 〈프렌즈〉의 피비 역으로 유명하였고 에미상과 2개의 길드상을 수상하였다.

캘리포니아 주 로스앤젤레스의 엔시노에서 여행사 직원 어머니와 두통 전문 의사의 딸로 태어났다. 쿠드로는 상중류층의 유대인 집안에서 성장했다. 어릴 때 기타 레슨을 받았다. 우들랜드 힐스의 태프트 고등학교를 졸업하고, 바사 대학(Vassar College)에서 생물학 과학사를 취득하였다. 8년 동안 아버지 밑에서 일을 하고 연기자의 길로 들어섰다. 이 무렵에 리사는 텍사스 주 아마릴로에 있는 ABC 지부 KVII-TV의 사회자 겸 리포터로 활약하였다.

NBC에서 1994년부터 10년간 방영된 〈프렌즈(Friends)〉에서 피비 역을 맡아 오면서 1998년 에미상의 코미디 시리즈에서 여우조연상을 수상하였다. 쿠드로는 그 드라마의 출연자 중 처음으로 에미상을 수상하였으며 6개 부문의 후보에 오르기까지 하였다. 프로그램은 장기간 히트를 쳤고, 그녀와 출연자들은 텔레비전 시청자들 사이에 폭넓은 명성을 얻었다. 2005년 기네스 세계 기록에 의하면, 쿠드로와 제니퍼 애니스톤, 코트니 콕스는 출연료를 가장 많이 받는 텔레비전 여배우가 되었는데, 9번째와 10번째 시즌에서 회당 100만 달러의 출연료를 받았다고 한다.

28-01

A couple of months later I was almost completely out of money and my agent called to tell me that Danny Jacobson, the producer of Mad About You, was offering me another small role on the show. The agent was recommending I pass on it because it was too small a role and the character didn't even have a name. It was for the part of "waitress" and I wouldn't even see the part until I got to the set in an hour, got there in an hour. "Don't take it. They can't treat you like this." I didn't even think twice. Of course, I took it. Whatever it is, I'll make it funny. I'll listen and respond and make it funny. By the second day, Danny Jacobson asked if I would be okay with being written into at least five more shows throughout the season. I told him I was OK with that.

Some people thought I was funny as the waitress, ultimately named Ursula on Mad About You, one of them was one of their talented writers named Jeffrey Klarik. Jeffrey's boyfriend was named David Crane, who recommended I come in to read for his new show about six twenty-somethings who lived in New York and hung out at a coffee house.

두세 달 후, 저는 돈이 거의 완전히 떨어졌고, 저의 에이전트가 제게 전화해 〈매드 어바웃 유(Mad About You)〉의 프로듀서인 대니 제이콥슨이 저에게 작은 배역을 제안했다고 말했습니다. 에이전트는 역할이 너무 작고, 이름조차 없는 배역이니 그냥 넘기라고 충고했습니다. 이것은 '여종업원' 역할이었고, 저는 한 시간 후 촬영 장소에 가서야 배역의 대사를 보게 되었습니다. "이 배역을 하지 마세요. 그들이 이렇게 당신을 대할 수는 없죠." 저는 두 번도 생각하지 않았습니다. 물론 받아들였죠. 그것이 어떤 배역이든지, 저는 재미있게 만들 수 있거든요. 저는 듣고, 대답하며, 흥미롭게 만듭니다. 두 번째 날, 대니 제이콥슨은 저에게 시즌 전체에서 5개 이상의 에피소드에 들어가도 좋은지 물었습니다. 저는 그에게 괜찮다고 말했죠.

어떤 사람들은 제가 〈매드 어바웃 유〉에서 나중에 '우슬라'라고 이름 붙은 여종업원으로 웃기다고 생각했습니다. 이들 중 한 명은 재능 있는 작가 중 한 명인 제프리 크라릭이었습니다. 제프리의 남자친구는 데이비드 크레인이었고, 그는 제게, 주로 커피숍에서 시간을 보내는 뉴욕에 사는 6명의 20대에 관한 자신의 새로운 쇼를 위해 와서 한 번 대본을 읽어 보라고 제안했습니다.

After many auditions, I was the second person cast in the pilot called Friends Like Us, which would later be changed to Friends. Jim Burrows also directed this pilot and the first ten episodes of Friends. One day the six of us were talking with Jimmy, exchanging The Time I Got Fired Stories and Jimmy told them mine. "Well, she's got the worst one of all, she got fired from Frasier. 'You weren't right for the part darlin.'" Thanks! "Well, it's a good thing you got fired or you wouldn't have been on this show."

He was right. And it was a good thing I didn't get Saturday Night Live and that the Romy and Michele pilot didn't work out and every other disappointment that happened. They were actually more like guide posts that kept me on my path. Oh and after I got fired from Frasier, I went to a birthday party and feeling like I had nothing at all to lose, I flirted with a guy who was way out of my league. We dated and on Thursday Michel and I will have been married for 15 years. Yeah, that's the biggest achievement, it is. And we'll be celebrating with our remarkable 12 year-old son. So Thank God I got fired! Maybe there is a reason for everything. I think there is.

Check the Vocabulary

pilot (텔레비전의) 견본 방송용 프로그램 | **direct** 감독하다 | **get fired** 해고당하다 | **would have p.p** ~했었을 것이다 | **work out** 잘 풀리다 | **disappointment** 실망 | **guide post** 길표지

많은 오디션을 거친 후, 저는 〈프렌즈 라이크 어스〉라고 불리는 파일럿에 두 번째로 캐스팅되었는데, 이것은 나중에 〈프렌즈〉로 변경되죠. 짐 버로스 또한 이 파일럿과 〈프렌즈〉 첫 번째 시즌의 에피소드 10개를 감독합니다. 어느 날 우리 6명은 지미와 함께 이야기를 하면서 '내가 잘린 이야기'에 관해 이야기를 주고받았습니다. 지미는 동료들에게 제 경험을 말했습니다. "음, 그녀는 최악의 상황을 겪었어. 그녀는 〈프레이저〉에서 잘렸지. '너는 이 역할에 적합하지 않아.'" 감사할 뿐이죠! 그런 다음 그는 "음, 당신이 교체된 건 잘된 거야. 안 그랬다면 이 쇼를 할 수 없었을 테니까."라고 말했습니다.

그가 옳았습니다. 제가 〈SNL〉에 출연하지 못한 것과 〈로미 앤 미셸〉 파일럿이 잘되지 않았던 것, 그리고 일어났던 모든 다른 실망스러운 일들은 (결론적으로) 좋은 것이었습니다. 이것들은 제가 바른 길로 계속 가도록 만들어 준 지표와 같았습니다. 그리고 제가 〈프레이저〉에서 교체된 후 저는 어떤 생일파티에 갔습니다. 저는 그때 더 이상 잃을 것이 없다는 느낌이 들어서, 제가 넘볼 수 없는 한 남자를 꼬시려고 했죠. 우리는 데이트를 했고, 다가오는 목요일이면 미셸과 저는 결혼생활 15주년 기념일을 맞게 됩니다. 맞아요. 이것이 저의 가장 큰 성취입니다. 우리는 장한 12살 아들과 함께 결혼기념일을 축하할 것입니다. 제가 교체된 것이 하나님께 너무 감사하죠. 아마도 모든 것에는 이유가 있으며, 저는 있다고 믿습니다.

have nothing at all to lose 전혀 잃을 것이 없다 | **(way) out of my league** 내 수준에 맞지 않게 (훨씬) 높은

SPEECH

29

Katie Couric's
Case Western Reserve University
Commencement Speech

케이티 쿠릭의 케이스 웨스턴 리저브 대학교 졸업식 연설

2010년 5월 16일, 케이스 웨스턴 리저브 대학교

케이티 쿠릭

CBS의 간판 앵커인 케이티 쿠릭은 1979년 ABC에서 보조직을 시작으로 텔레비전 활동을 시작했다. 그 시절을 회고하면서 그녀는 커피를 타고, 전화를 받으며, 때로 프랭크 레이놀즈(Frank Reynolds) 앵커의 심부름으로 햄샌드위치를 사 오곤 했다고 말했다. ABC를 떠나 미국의 뉴스 전문 방송국인 CNN에서 보도자료 할당 편집자와 현장 기자로 직장을 옮긴 후 1984년 대통령 선거를 보도하지만, 당시 CNN 이사는 그녀의 '찍찍대는 소리'에 짜증이 난다며 그녀를 해고했다.

이후 그녀는 마이애미와 워싱턴 DC의 지역 자회사에서 일을 하면서, 장애인들을 위한 데이팅 서비스에 관한 보도로 에미상을 수상하게 된다. 1989년 NBC 뉴스에 합류하고, 곧이어 펜타곤을 보도하는 2선 앵커로 발돋움한다. 당시 1선 앵커였던 디보라 노빌(Deborah Norville)이 다소 쌀쌀맞다는 시청자의 반응에 맞물려, 출산휴가를 떠나면서 케이티 쿠릭이 그 자리를 대신하면서 확고한 자리를 잡았다.

1998년 암으로 남편을 잃은 케이티 쿠릭은 암 연구와 예방에 관한 깊이 있는 보도를 하면서 심층보도(in-depth coverage)라는 뉴스보도의 역할이 부각되었다. 1999년에 발생한 콜럼바인 고등학교(Columbine High School)의 총기사건을 보고, 학급 동료를 괴롭히지 말하는 메시지를 전달하는 동화책인 『The Brand New Kid』라는 책을 썼다.

NBC 〈투데이〉에서 15년간의 눈부신 활약을 접고, 2006년에 CBS로 이동하여 CBS 저녁뉴스 앵커로 자리를 잡았다. 네트워크 뉴스 공동앵커로 여성이 존재하지 않았던 것은 아니지만, 여성 홀로 저녁 뉴스를 보도하는 앵커는 케이티 쿠릭이 처음이었다.

29-01

Use social networks to well, believe or not network. Ask your 3,000 plus friends if anyone knows someone at a company and if they'd be willing to connect you. Don't just send your resume into the black hole of cyberspace; find people, not jobs, someone to talk to, even if it's just an informational interview. It's so hard to convey your energy, enthusiasm and your emotional intelligence online. And do your homework first, use your case alumni connections. Nothing gives alums as much pride as helping one of their own. Checkout career advice on other college websites as well and once you get your foot in the door, remember the old head and shoulders commercial, you never get a second chance to make the first impression. So ditch the "like, you know, like" and remember the importance of a firm handshake and eye contact. By the way, how do you spot an extroverted engineer when they talk to you? They look at your feet. Hey guys, you like a little enginneering joke. Trying to satisfy all constituencies here. And oh, by the way Good grammar is very important. I mentally cross off people when I hear the wrong pronoun, harsh but true.

Check the Vocabulary

the black hole of N 블랙홀과 같은 N | informational interview 취업을 준비하는 사람들이 원하는 직장의 일, 분야 그리고 회사 문화 등에 대한 정보를 알아볼 수 있도록 꾸민 인터뷰 | alumni 졸업생들

글쎄 믿기 어렵겠지만, 소셜 네트워크를 사용해서 사람들과 네트워크를 형성하십시오. 여러분은 3,000명 이상의 친구에게 어느 회사에 누구를 아는지, 그 사람들이 여러분을 연결해 줄 의향이 있는지를 물으세요. 그냥 블랙홀과 같은 사이버 공간에 여러분의 이력서를 넣지 마세요. 일이 아니라 사람을 찾으세요. 이야기할 수 있는 사람이요. 단순한 정보 제공 차원의 인터뷰라도요. 여러분이 에너지, 열정 그리고 감성적 지성을 온라인으로 전달하기란 극히 힘듭니다. 해야 할 일을 먼저 하고, 졸업생들의 연줄을 활용하세요. 졸업생들이 가장 자부심을 느끼는 것은 바로 자기 동문들을 돕는 것입니다. 또한 다른 대학교 웹사이트의 취업정보란을 확인하고, 일단 문턱에 발을 들이면, 오래된 헤드 앤 숄더(비듬샴푸 상표 이름) 광고를 기억하세요. 두 번 다시 첫인상을 줄 수는 없을 겁니다. 그러므로 "있잖아요, 그거요."는 버리고, 힘 있는 악수와 아이컨택의 중요성을 기억하세요. 그런데 엔지니어가 여러분에게 말을 할 때 어떻게 외향적인지 알 수 있을까요? 그들은 당신의 발을 봅니다. 여러분은 엔지니어와 관련된 농담을 좋아하잖아요. 여기 있는 모든 구성원을 다 만족시키려고 노력하고 있는 중입니다. 그리고 올바른 문법은 매우 중요합니다. 저는 대명사를 잘못 쓰는 사람은 머릿속에서 지웁니다. 냉혹하지만 사실입니다.

never get a second chance to ~할 수 있는 기회는 두 번 다시 없다 | **first impression** 첫인상 |
ditch 버리다, (교제하던 사람을) 차 버리다 | **cross off** 지워 버리다 | **harsh** 혹독한

I was once of course standing in your pumps. In 1979 when I applied for entry level job at ABC in Washington for three months I heard crickets. So asked my mom to drive me down to the Washington Bureau in our Buick station wagon and wait in the car. I walked into the building and I said to the receptionist "May I please speak to Davy Newman?" She got him on the phone and I said "Hi Davy." He was the executive producer of World News Tonight, by the way, "You don't know me but your twin brother Steven Eddy went to Yorktown high school with my sister Kiki and I used to play with your niece Julie who lives up the street from me. Do you think I could come up and say "Hi."

I think he was so completely flummoxed that he said sure and he ended up introducing me to the Deputy Bureau Chief who was in charge of hiring. That individual told me he admired my moxie and I watched as he moved my resume from the bottom of the pile to the top. So now more than ever you need to have hutzpah. You need to do something that sets you apart, that impresses. Ask not what the company can do for you but tell them what you can do for the company.

Check the Vocabulary

stand in one's pump 상대방의 입장에서 서다 | **entry level** 입문, 신입 | **hear crickets** 소식을 듣지 못하다 | **niece** 조카 | **come up and say** 올라가서 말하다

물론 저 또한 한때는 여러분의 입장과 같았습니다. 1979년 워싱턴 ABC 방송사 신입 사원 자리에 지원했을 때 저는 3개월 동안 아무 소식도 듣지 못했습니다. 그래서 어머니에게 뷰익 스테이션의 왜건을 타고 워싱턴 지국으로 데려다 달라고 요청하고, 차에서 기다렸습니다. 저는 빌딩으로 들어가 접수원에게 말했죠. "데이비 뉴먼과 통화 좀 할 수 있을까요?" 그녀는 그에게 전화를 연결해 주었고, 저는 "안녕하세요, 데이비 씨."라고 말했습니다. 참고로, 그는 〈월드 뉴스 투나잇(World News Tonight)〉의 대표 프로듀서였습니다. "당신은 아마 저를 모르실 테지만, 당신의 쌍둥이 형제 스티븐 에디는 저의 동생 키키와 같은 요크타운 고등학교에 다녔고, 저의 집에서 길 위쪽에 사는 당신의 조카인 줄리와 놀곤 했습니다. 제가 올라가서 인사를 해도 될까요?"

제 생각에 그는 너무 놀라서 그냥 "알겠어요."라고 말한 것 같아요. 그는 결국 채용을 담당하던 수석부장에게 나를 소개해 줬습니다. 수석부장은 저에게 자신이 저의 적극성에 감탄했다고 말했고, 저는 그가 제 이력서를 맨 밑에서 꺼내 맨 위로 올리는 것을 보았습니다. 그래서 지금은 그 어느 때보다 배짱을 가질 필요가 있습니다. 다른 사람과 여러분을 구별 짓는, 깊은 인상을 남기는 뭔가를 해야 할 필요가 있습니다. 회사가 여러분을 위해서 무엇을 할지 묻지 마시고, 여러분이 회사를 위해서 무엇을 해 줄 수 있을지 말하십시오.

29-03

Be realistic. I'm not a subscriber to the helicopter parent refrain of "Honey, you can do whatever you want." I really don't think you can. Sorry. You have to take a good hard look at your strengths, your weaknesses, your skills and your shortcomings but most of all your passions.

Check the Vocabulary

helicopter parent 극성 부모(늘 자식 곁을 떠나지 못하는 부모) | refrain 반복하는 말, 상투어 | take a look at ~을 보다 | hard 또렷하게 | weakness 약점 | shortcoming 단점

현실적이어야 합니다. 저는 "애야, 네가 원하는 것은 무엇이든 할 수 있어."와 같은 극성 부모의 반복되는 말을 지지하지 않습니다. 저는 정말 여러분이 할 수 있다고 생각하지 않습니다. 미안합니다. 여러분은 자신의 강점, 약점, 기술 그리고 단점을 잘 살펴봐야합니다. 그러나 무엇보다 열정을 아주 자세히 살펴볼 필요가 있습니다.

SPEECH

30

Emma Watson's UN
HeForShe Campaign Speech

엠마 왓슨의 UN HeForShe 캠페인 연설

2014년 9월 20일, 뉴욕

엠마 왓슨

엠마 샬럿 듀어 왓슨은 영국의 배우이자 모델이다. 왓슨은 아홉 살부터 영화 〈해리 포터(Harry Potter)〉 시리즈에서 대니얼 래드클리프, 루퍼트 그린트와 함께 헤르미온느 그레인저 역할을 맡으며 유명해졌으며, 총 여덟 편에 출연했다. 〈해리 포터〉 시리즈로 여러 상을 받았으며, 1,000만 파운드 이상의 수익을 남겼다. 2009년에는 버버리의 가을 겨울 캠페인을 통해 모델 데뷔를 했다. 2013년 10월 왓슨은 영국의 영화 잡지 『엠파이어(Empire)』에서 실시한 여론조사 결과 '가장 섹시한 여자 배우'로 뽑혔다.

2007년 영화 〈작은 영웅 데스페로〉와 2007년 12월 26일부터 방영된 동명의 노벨상 작품을 드라마로 각색한 〈발레슈즈〉에 출연한다고 발표했고, 520만 명의 시청자를 기록했다. 케이트 디커밀로의 노벨 수상작 〈작은 영웅 데스페로〉를 원작으로 한 동명의 영화는 2008년 개봉되어 전 세계적으로 8,600만 달러의 수익을 올렸다. 2012년에는 스티븐 슈보스키의 작품을 각색한 〈월플라워〉에 출연했고, 대런 애러노프스키의 〈노아〉에 일라 역으로 캐스팅되었다.

엠마 왓슨은 영국 변호사이던 재클린 루이스비와 크리스 왓슨의 딸로 프랑스 파리에서 태어났다 왓슨의 부모님은 어렸을 적 이혼을 하면서 엄마, 남동생과 함께 옥스퍼드셔에서 살았고, 주말에는 런던에 있는 아빠 집에서 지냈다. 엄마, 남동생과 옥스퍼드셔로 이사한 후 왓슨은 옥스퍼드의 드래건 학교에 2003년까지 다녔다. 왓슨은 여섯 살 때부터 배우가 되기를 희망해 시간제 연극학교 옥스퍼드 스테이지코치 연극예술학교(the Oxford branch of Stagecoach Theatre Arts)에서 노래, 춤, 연기를 배웠다. 10살 때는 〈Arthur: The Young Years〉, 〈The Happy Prince〉와 같은 스테이지코치 학교에서 제작한 교내 연극에 출연했으나, 〈해리 포터〉 시리즈 이전까지 전문적인 배우 활동은 없었다.

I am from Britain and I think it is right that as a woman I am paid the same as my male counterparts. I think it is right that I should be able to make decisions about my own body. I think it is right that women be involved on my behalf in the policies and decisions that affect my life. I think it is right that socially I am afforded the same respect as men. But sadly I can say that there is no one country in the world where all women can expect to receive these rights.

No country in the world can yet say they have achieved gender equality. These rights I consider to be human rights but I am one of the lucky ones. My life is a sheer privilege because my parents didn't love me less because I was born a daughter. My school did not limit me because I was a girl. My mentors didn't assume I would go less far because I might give birth to a child one day. These influencers were the gender equality ambassadors that made me who I am today. They may not know it, but they are the inadvertent feminists who are changing the world today. And we need more of those.

Check the Vocabulary

counterpart (쌍을 이루는) 한쪽; 대응하는 것 | **make decisions** 의사 결정하다 | **be involved in** ~에 관여하다 | **on one's behalf** 대신해서 | **afford** 가져오다, 주다

저는 영국 출신이며, 여성으로서 남성 동료들과 동일한 임금을 받는 것이 옳다고 생각합니다. 저는 제 자신의 몸에 대한 결정을 스스로 할 수 있는 것이 옳다고 생각합니다. 저는 여성들이 저를 대신해서 저의 삶에 영향을 미치는 정책과 결정에 참여하는 것이 옳다고 생각합니다. 저는 사회적으로 제가 남자와 동일한 존중을 받는 것이 옳다고 생각합니다. 그러나 안타깝게도, 지구상의 어떠한 나라에서도 모든 여성들이 이러한 권리를 받을 것이라 기대할 수 없습니다.

세상의 어느 나라도 그들이 양성 평등을 성취했다고 아직 말할 수 없습니다. 저는 이러한 권리를 인권이라 생각합니다. 그러나 저는 운이 좋은 사람 중 한 명입니다. 저는 온전한 특권의 삶을 누리고 있습니다. 저의 부모님은 제가 딸로 태어났다고 해서 저를 덜 사랑하지 않았습니다. 제가 다니는 학교는 제가 여자라고 해서 저의 능력을 한정짓지 않았습니다. 저의 스승들은 언젠가 제가 아이를 낳을 것이기에 제가 더 많은 성공을 하지 못할 것이라 생각하지 않았습니다. 저에게 영향을 미쳤던 이러한 분들은 오늘날 저를 있게 한 양성 평등 대사였습니다. 그들이 이 사실을 알지 못할지 모르지만, 오늘날 세계를 바꾸고 있는 사람은 자기도 모르게 실천하는 페미니스트인 것입니다. 그리고 우리는 이런 분들을 더 많이 필요로 합니다.

Check the Vocabulary

gender equality 양성 평등 | sheer 순전히, 완전히 | privilege 특권 | mentor 스승, 조언자 | go far 성공하다, 공헌하다 | ambassador 대사, 대표 | inadvertent 의도하지 않은, 무의식중에

271

And if you still hate the word — it is not the word that is important but it is the idea and the ambition behind it. Because not all women have been afforded the same rights that I have. In fact, statistically, very few have been. In 1997, Hillary Clinton made a famous speech in Beijing about women's rights. Sadly many of the things she wanted to change are still true today. But what stood out to me the most was that less than 30 per cent of her audience were male. How can we affect change in the world when only half of it is invited or feel welcome to participate in the conversation?

Men — I would like to take this opportunity to extend your formal invitation. Gender equality is your issue too. Because to date, I've seen my father's role as a parent being valued less by society despite my needing his presence as a child as much as my mother's. I've seen young men suffering from mental illness unable to ask for help for fear it would make them less of the man or less of men — in fact in the UK suicide is the biggest killer of men between 20-49 years of age; eclipsing road accidents, cancer and coronary heart disease. I've seen men made fragile and insecure by a distorted sense of what constitutes male success. Men don't have the benefits of equality either.

Check the Vocabulary

statistically 통계적으로 | stand out 두드러지다 | participate in ~에 참석하다 | suffer from ~로 부터 고통당하다 | mental illness 정신질환 | for fear (that) S V ~하지 않을까 하는 두려움 때문에

그리고 만약 여러분이 여전히 이 단어를 싫어한다면, 이는 단어가 아니라 이것 뒤에 숨겨진 의미와 야망이 중요합니다. 모든 여성이 제가 가진 동일한 권리를 부여받지 못했기 때문입니다. 사실, 통계적으로 아주 적은 사람만이 이러한 권리를 누려 왔습니다. 1997년, 힐러리 클린턴은 베이징에서 여성의 권리에 관한 유명한 연설을 했습니다. 유감스럽게도, 그녀가 변화시키기 원했던 많은 것들은 여전히 우리 사회에서 변함 없이 적용되고 있습니다. 그러나 저에게 가장 눈에 띄었던 것은 청중 중 30퍼센트 이하가 남자였다는 점이었습니다. 단지 절반에 해당하는 사람만 초대되어 대화에 참여하는 것이 환영되는 상황에서 우리가 어떻게 세상의 변화에 영향을 미칠 수 있겠습니까?

남성분들, 저는 이 기회를 통해 여러분을 공식적으로 초대하고 싶습니다. 양성 평등은 여러분의 문제이기도 합니다. 이는 지금까지 어머니만큼이나 아이에게 아버지의 존재가 필요함에도 불구하고 사회적으로 아버지의 역할은 덜 가치 있는 것으로 평가되는 것을 보았기 때문입니다. 저는 도움을 요청하면 남자답지 못하게 보이지 않을까 하는 두려움으로 인해 도움을 구하지 못해 정신질환으로 고통받는 젊은 남자들을 목격했습니다. 사실 영국에서 20~49세 사이의 남성들의 목숨을 앗아 가는 가장 큰 원인은 자살입니다. 자동차 사고, 암 그리고 관동맥성 심장병을 무색하게 하지요. 남성의 성공요소에 대한 왜곡된 인식으로 인해 취약하고 불안해진 남성들을 보았습니다. 남자들 또한 평등의 혜택을 누리지 못하고 있습니다.

Check the Vocabulary

eclipse 무색하게 하다 | fragile 취약한, 깨지기 쉬운 | insecure 불안한 | distorted 왜곡된 | constitute 구성하다

30-03

We don't often talk about men being imprisoned by gender stereotypes but I can see that they are and that when they are free, things will change for women as a natural consequence. If men don't have to be aggressive in order to be accepted, women won't feel compelled to be submissive. If men don't have to control, women won't have to be controlled. Both men and women should feel free to be sensitive. Both men and women should feel free to be strong. It is time that we all perceive gender on a spectrum instead of two sets of opposing ideals. If we stop defining each other by what we are not and start defining ourselves by what we are — we can all be freer and this is what HeForShe is about. It's about freedom.

Check the Vocabulary

imprison 감옥에 가두다 | stereotype 고정관념 | things 상황 | consequence 결과 | feel compelled to ～하도록 강요받다 | submissive 복종적인, 순종하는

우리는 성 고정관념이라는 감옥에 사로잡혀 있는 남성에 대해서 자주 이야기하지 않습니다. 하지만 저는 그들이 그러한 고정관념에 갇혀 있다는 것을 볼 수 있습니다. 그들이 거기에서 자유로워질 때, 자연스럽게 여성의 상황도 변화할 것입니다. 만약 남성들이 (사회적으로) 받아들여지기 위해 공격적일 필요가 없다면, 여성들은 강압적 복종을 느끼지 않게 될 것입니다. 만약 남자들이 통제할 필요가 없다면, 여성들은 통제받을 필요가 없습니다. 남성과 여성 모두 자유롭게 감정을 표현할 수 있어야 합니다. 남성과 여성 모두 자유롭게 강함을 느낄 수 있어야 합니다. 이제는 우리 모두가 두 개의 상반되는 이상이 아닌 다양한 스펙트럼상에서 성을 인식해야 하는 때입니다. 만약 우리가 자신이 아닌 존재로 서로를 정의하지 않고, 있는 그대로의 자신으로 정의하기 시작한다면, 우리 모두는 더욱 자유로워질 수 있으며, 이것이 바로 HeForShe(UN 여성기구가 주도하는 양성평등 캠페인)가 존재하는 이유입니다. 이것은 자유 그 자체입니다.

sensitive (타인의 감정·요구 등에) 이해심이 있는, 예민한 | **on a spectrum** (다양성이 존재하는) 스펙트럼상에서 | **define** 정의하다 | **This is what A is about.** 이것이 바로 **A**의 존속 이유다.

I want men to take up this mantle. So their daughters, sisters and mothers can be free from prejudice but also so that their sons have permission to be vulnerable and human too — reclaim those parts of themselves they abandoned and in doing so be a more true and complete version of themselves. You might be thinking who is this Harry Potter girl? And what is she doing speaking at the UN. It's a good question and trust me, I have been asking myself the same thing. All I know is that I care about this problem. And I want to make it better. And having seen what I've seen — and given the chance — I feel it is my responsibility to say something. English Statesman Edmund Burke said: "All that is needed for the forces of evil to triumph is for good men and women to do nothing."

Check the Vocabulary

take up 받아들이다, 시작하다, 차지하다 | **mantle** 책임 | **prejudice** 선입견 | **permission** 허락, 승인 | **vulnerable** 취약한, 연약한 | **reclaim** 되찾다 | **abandon** 포기하다

저는 남성들이 이러한 책임을 받아들이길 원합니다. 그래서 자신의 딸, 여동생 그리고 어머니 모두가 선입견에서 자유로워질 수 있고, 또한 그로 인해 그들의 아들들이 연약하고 인간적일 수 있음이 허용되어, 이들이 버렸던 자신의 일부를 다시 되찾고, 그렇게 함으로써 좀 더 진실되고 온전한 자신이 되었으면 합니다. 아마도 여러분은 '이 해리 포터 걸이 누구야?'라고 생각할지 모릅니다. '그리고 도대체 UN에서 무슨 연설을 하는 거야?' 아주 좋은 질문입니다. 저를 믿으세요. 저도 동일한 질문을 제 자신에게 물었습니다. 제가 아는 것이라곤 이 문제에 대해서 관심이 있다는 것입니다. 그리고 저는 이것을 좀 더 바람직하게 만들고 싶습니다. 그리고 제가 목격했던 것을 보았고, 기회가 주어졌기에, 무엇인가 말하는 것이 저의 책임이라 느낍니다. 영국의 정치가 에드먼드 버크는 "악의 세력이 승리하기 위해 필요한 것은 선한 남자와 여자가 아무것도 하지 않는 것이다."라고 말했습니다.

Check the Vocabulary

all I know 내가 아는 (유일한) 것 (= **the only thing that I know**) | **care about** ~에 대해서 신경 쓰다 |
forces of evil 악의 세력 | **triumph** 승리하다

In my nervousness for this speech and in my moments of doubt I've told myself firmly — if not me, who, if not now, when. If you have similar doubts, when opportunities are presented to you I hope those words will be helpful. Because the reality is that if we do nothing, it will take 75 years, or for me to be nearly a hundred before women can expect to be paid the same as men for the same work. 15.5 million girls will be married in the next 16 years as children. And at current rates it won't be until 2086 before all rural African girls will have a secondary education. If you believe in equality, you might be one of those inadvertent feminists I spoke of earlier. And for this I applaud you. We are struggling for a uniting word but the good news is we have a uniting movement. It is called HeForShe. I am inviting you to step forward, to be seen and ask yourself if not me, who? If not now, when? Thank you very very much.

Check the Vocabulary

nervousness 긴장 | **moments of doubt** 의심의 순간 | **present** 제시하다 | **the reality is that S V** 현실은 ~이다 | **secondary education** 중등교육 | **applaud** 박수치다, 칭찬하다

이 연설로 인한 긴장과 의심의 순간에 저는 '내가 아니라면 누가, 지금이 아니라면 언제'라고 스스로에게 확고히 말했습니다. 기회가 여러분에게 주어졌을 때, 만약 여러분이 비슷한 의심을 품고 있다면, 저는 이런 말이 도움이 되기를 희망합니다. 만약 우리가 아무것도 하지 않는다면, 여성이 남성과 동일한 일에 대해서 남성과 동일한 임금을 받기를 기대하기까지 75년 아니 거의 100년이라는 시간이 걸릴 것입니다. 다가오는 16년 내에 1550만 명의 여자아이들이 어린 나이에 결혼을 하게 될 것입니다. 그리고 현재의 비율에서 2086년이 되어서야 아프리카의 모든 시골 여자아이들이 중등교육을 받게 될 것입니다. 여러분이 평등을 믿는다면, 제가 일찍이 언급했던 의도치 않은 페미니스트 중 한 명입니다. 그리고 이로 인해 여러분에게 박수를 보냅니다. 우리는 우리를 하나로 묶을 수 있는 단어를 위해 싸우고 있습니다. 그리고 좋은 소식은 이미 우리를 하나로 모으는 운동이 있다는 것입니다. 이는 HeForShe라고 불립니다. 저는 여러분이 한 발짝 나아가 스스로에게 '내가 아니면 누가, 지금이 아니라면 언제'라고 자문하기를 부탁드립니다. 진심으로 감사합니다.

Check the Vocabulary

struggle for ~을 위해 투쟁하다 | **uniting** 하나로 뭉치게 하는 | **step forward** 앞으로 나아가다